Les Fleurs du Mal,

The Flowers of Evil

and

The Generous Gambler

By

Charles Pierre Baudelaire

The Flowers of Evil
Translated byCyril Scott

Cover Photograph: kevincole

ISBN: 978-1-78139-206-5

Contents

LES FLEURS DU MAL

THE FLOWERS OF EVIL

LES FLEURS DU MAL

Préface par Henry FRICHET

PRÉFACE

Charles Baudelaire avait un ami, Auguste Poulet-Malassis, ancien élève de l'école des Chartes, qui s'était fait éditeur par goût pour les raffinements typographiques et pour la littérature qu'il jugeait en érudit et en artiste beaucoup plus qu'en commerçant; aussi bien ne fit- il jamais fortune, mais ses livres devenus assez rares sont depuis longtemps très recherchés des bibliophiles.

Les poésies de Baudelaire disséminées un peu partout dans les petits journaux d'avant-garde comme le *Corsaire* et jusque dans la grave *Revue des Deux-Mondes,* n'avaient point encore, en 1857, été réunies en volume. Poulet-Malassis, que le génie original de Baudelaire enthousiasmait, s'offrit de les publier sous le titre de *Fleurs du Mal,* titre neuf, audacieux, longtemps cherché et trouvé enfin non point par Baudelaire ni par l'éditeur, mais par Hippolyte Babou.

Les *Fleurs du Mal* se présentaient comme un bouquet poétique composé de fleurs rares et vénéneuses d'un parfum encore ignoré. Ce fut un succès--succès d'ailleurs préparé par la *Revue des Deux-Mondes* qui, en accueillant un an auparavant quelques poésies de Baudelaire, avait mis sa responsabilité à couvert par une note singulièrement prudente. De nos jours une pareille note ressemblerait fort à une réclame déguisée:

"Ce qui nous paraît ici mériter l'intérêt, disait-elle, c'est l'expression vive, curieuse, même dans sa violence, de quelques défaillances, de quelques douleurs morales, que, sans les partager ni les discuter, on doit tenir à connaître comme un des signes de notre temps. Il nous semble, d'ailleurs, qu'il est des cas où la publicité n'est pas seulement un encouragement, où elle peut avoir l'influence d'un conseil utile et appeler le vrai talent à se dégager, à se fortifier, en élargissant ses voies, en étendant son horizon."

C'était se méprendre étrangement que de compter sur la publicité pour amener Baudelaire à résipiscence; le parquet impérial ne prit pas tant de ménagements. Le livre à peine paru, fut déféré aux tribunaux. Tandis que Baudelaire se hâtait de recueillir en brochure les articles justificatifs d'Edmond Thierry, Barbey d'Aurevilly, Charles Asselineau, etc..., il sollicitait l'amitié de Sainte-Beuve et de Flaubert

3

(tout récemment poursuivi pour avoir écrit *Madame Bovary*), des moyens de défense dont les minutes ont été conservées et dont il transmettait la teneur à son avocat, Me Chaix d'Est-Ange. Sur le réquisitoire de M. Pinard (alors avocat général et plus tard ministre de l'Intérieur), le délit d'offense à la morale religieuse fut écarté, mais en raison de la prévention d'outrage à la morale publiques et aux bonnes moeurs, la Cour prononça la suppression de six pièces: *Lesbos, Femmes damnées, le Lethé, A celle qui est trop gaie, les Bijoux et les Métamorphoses du Vampire,* et la condamnation à une amende de l'auteur et de l'éditeur (21 août 1857).

Le dommage matériel ne fut pas considérable pour Malassis; l'édition était presque épuisée lors de la saisie.

Tout d'abord, Baudelaire voulut protester. On a retrouvé dans ses papiers le brouillon de divers projets de préfaces qu'il abandonna lors de la réimpression à la fois diminuée et augmentée des *Fleurs du Mal* en 1861. Cette mutilation de sa pensée par autorité de justice avait eu pour résultat de rendre les directeurs de journaux et de revues très méfiants à son égard, lorsqu'il leur présentait quelques pages de prose ou des poésies nouvelles; sa situation pécuniaire s'en ressentit. Il travaillait lentement, à ses heures, toujours préoccupé d'atteindre l'idéale perfection et ne traitant d'ailleurs que des sujets auxquels le grand public était alors (encore plus qu'aujourd'hui) complètement étranger.

Lorsque Baudelaire posa en 1862 sa candidature aux fauteuils académiques laissés vacants par la mort de Scribe et du Père Lacordaire, il était, dans sa pensée, de protester ainsi contre la condamnation des *Fleurs du Mal.* L'insuccès de Baudelaire à l'Académie n'était pas douteux. Ses amis, ses vrais amis, Alfred de Vigny et Sainte-Beuve, lui conseillèrent de se désister, ce qu'il fit d'ailleurs en des termes dont on apprécia la modestie et la convenance.

On a beaucoup parlé de la vie douloureuse de Baudelaire: manque d'argent, santé précaire, absence de tendresse féminine, car sa maîtresse Jeanne Duval, une jolie fille de couleur qu'il appelait son "vase de tristesse", n'était qu'une sotte dont le cœur et la pensée étaient loin de lui. Son seul esprit, son méchant esprit était de tourner en ridicule les manies de son ami. Cependant elle était charmante, nous dit Théodore de Banville, "elle portait bien sa brune tête ingénue et superbe, couronnée d'une chevelure violemment crespelée et dont la démarche de reine pleine d'une grâce farouche, avait à la fois quelque chose de divin et de bestial". Et Banville ajoute: "Baudelaire faisait parfois asseoir Jeanne devant lui dans un grand fauteuil; il la regardait avec amour et l'admirait longuement; il lui disait des vers dans une langue qu'elle ne savait pas. Certes, c'est là peut-être le meilleur moyen de causer avec une femme dont les paroles détonneraient, sans doute, dans l'ardente symphonie que chante sa beauté; mais il est naturel aussi que la femme n'en convienne pas et s'étonne d'être adorée au même titre qu'une belle chatte."

Baudelaire n'aima qu'elle et il l'aima exclusivement pour sa beauté, car depuis longtemps, peut-être depuis toujours, il avait senti qu'il était seul auprès d'elle, que les hommes sont irrévocablement seuls. Personne ne comprend personne. Nous n'avons d'autre demeure que nous-mêmes. Tout son dandysme fut fait de ce splendide isolement. Toutefois sa sensibilité était d'autant plus profonde qu'elle semblait moins apparente. Rien ne la révélait. Il avait l'air froid, quelque peu distant, mais il subjuguait. Ses yeux couleur de tabac d'Espagne, son épaisse chevelure sombre, son élégance, son intelligence, l'enchantement de sa voix chaude et bien timbrée, plus encore que son éloquence naturelle qui lui faisait développer des paradoxes avec une magnifique intelligence et on ne saurait dire quel magnétisme personnel qui se dégageait de toutes les impressions refoulées au-dedans de lui, le rendaient extrêmement séduisant. Hélas! toutes ces belles qualités ne le servirent point--du moins financièrement--il ignorait l'art de monnayer son génie. Ainsi, pratiquement du moins, comme tant d'autres, il se trouva desservi par sa fierté, sa délicatesse, par le meilleur de lui-même.

Baudelaire habitait dans l'île Saint-Louis, sur le quai d'Anjou, en ce vieil et triste hôtel Pimodan plein de souvenirs somptueux et nostalgiques. Il avait choisi là un appartement composé de plusieurs pièces très hautes de plafond et dont les fenêtres s'ouvraient sur le fleuve qui roule ses eaux glauques et indifférentes au milieu de la vie morbide et fiévreuse. Les pièces étaient tapissées d'un papier aux larges rayures rouges et noires, couleurs diaboliques, qui s'accordaient avec les draperies d'un lourd damas. Les meubles étaient antiques, voluptueux. De larges fauteuils, de paresseux divans invitaient à la rêverie. Aux murs des lithographies et des tableaux signés de son ami Delacroix, pures merveilles presque sans importance alors, mais que se disputeraient aujourd'hui à coups de millions les princes de la finance américaine.

Au temps de Baudelaire, c'est-à-dire vers le milieu du dix-neuvième siècle, l'île Saint-Louis ressemblait par la paix silencieuse qui régnait à travers ses rues et ses quais à certaines villes de province où l'on va nu-tête chez le voisin, où l'on s'attarde à bavarder au seuil des maisons et à y prendre le frais par les beaux soirs d'été à l'heure où la nuit tombe. Artistes et écrivains allaient se dire bonjour sans quitter leur costume d'intérieur et flânaient en négligé sur le quai Bourbon et sur le quai d'Anjou, si parfaitement déserts que c'était une joie d'y regarder couler l'eau et d'y boire la lumière.

Un jour, Baudelaire, coiffé uniquement de sa noire chevelure, prenait un bain de soleil sur le quai d'Anjou, tout en croquant de délicieuses pommes de terre frites qu'il prenait une à une dans un cornet de papier, lorsque vinrent à passer en calèche découverte de très grandes dames amies de sa mère, l'ambassadrice, et qui s'amusèrent beaucoup à voir ainsi le poète picorer une nourriture aussi démocratique. L'une d'elles, une duchesse, fit arrêter la voiture et appela Baudelaire.

--"C'est donc bien bon, demanda-t-elle ce que vous mangez là?

--Goûtez, madame, dit le poète en faisant les honneurs de son cornet de pommes de terre frites avec une grâce suprême."

Et il les amusa si bien par ce régal inattendu et par sa conversation qu'elles seraient restées là jusqu'à la fin du monde.

Quelques jours plus tard, la duchesse rencontrant Baudelaire dans le salon d'une vieille parente à elle, lui demanda si elle n'aurait pas l'occasion de manger encore des pommes de terre frites.

--"Non, madame, répondit finement le poète, car elles sont, en effet, très bonnes, mais seulement la première fois qu'on en mange."

Cette petite anecdote racontée par les historiens du poète est devenue classique; mais nous n'avons pu résister au plaisir de la répéter ici.

Baudelaire, plus ou moins pauvre, car la fortune laissée par son père avait été dévorée rapidement, fut toujours plein de délicatesse et doué de cet esprit de finesse fait de belle humeur et d'ironie souriante. Cependant ses embarras d'argent devenus chroniques, aussi bien que son état maladif, rendirent lamentables les dernières années du poète. Frappé de paralysie générale, ayant perdu la mémoire des mots, après une longue agonie, il s'éteignit à quarante-six ans. Sa mère et son ami Charles Asselineau étaient à son chevet. Ses œuvres lui ont survécu, mais la place d'honneur qu'il méritait par son génie parmi les romantiques ne lui fut vraiment accordée qu'à l'aube de ce siècle. On l'avait tenu jusqu'alors pour un très habile ciseleur de phrases, le Benvenuto Cellini des vers, mais c'était presque un incompris, un névrosé.

Il commença, dit-on, par étonner les sots, mais il devait étonner bien davantage les gens d'esprit en laissant à la postérité ce livre immortel: *les Fleurs du Mal.*

Henry FRICHET.

AU LECTEUR

La sottise, l'erreur, le péché, la lésine,
Occupent nos esprits et travaillent nos corps,
Et nous alimentons nos aimables remords,
Comme les mendiants nourrissent leur vermine.

Nos péchés sont têtus, nos repentirs sont lâches,
Nous nous faisons payer grassement nos aveux,
Et nous rentrons gaîment dans le chemin bourbeux,
Croyant par de vils pleurs laver toutes nos taches.

Sur l'oreiller du mal c'est Satan Trismégiste
Qui berce longuement notre esprit enchanté,
Et le riche métal de notre volonté
Est tout vaporisé par ce savant chimiste.

C'est le Diable qui tient les fils qui nous remuent!
Aux objets répugnants nous trouvons des appas;
Chaque jour vers l'Enfer nous descendons d'un pas,
Sans horreur, à travers des ténèbres qui puent.

Ainsi qu'un débauché pauvre qui baise et mange
Le sein martyrisé d'une antique catin,
Nous volons au passage un plaisir clandestin
Que nous pressons bien fort comme une vieille orange.

Serré, fourmillant, comme un million d'helminthes,
Dans nos cerveaux ribote un peuple de Démons,
Et, quand nous respirons, la Mort dans nos poumons
Descend, fleuve invisible, avec de sourdes plaintes.

Si le viol, le poison, le poignard, l'incendie,
N'ont pas encore brodé de leurs plaisants desseins
Le canevas banal de nos piteux destins,
C'est que notre âme, hélas! n'est pas assez hardie.

Mais parmi les chacals, les panthères, les lices,
Les singes, les scorpions, les vautours, les serpents,
Les monstres glapissants, hurlants, grognants, rampants
Dans la ménagerie infâme de nos vices,

Il en est un plus laid, plus méchant, plus immonde!
Quoiqu'il ne pousse ni grands gestes ni grands cris,
Il ferait volontiers de la terre un débris
Et dans un bâillement avalerait le monde;

C'est l'Ennui!--L'œil chargé d'un pleur involontaire,
Il rêve d'échafauds en fumant son houka.
Tu le connais, lecteur, ce monstre délicat,
--Hypocrite lecteur,--mon semblable,--mon frère!

SPLEEN ET IDÉAL

BENEDICTION

Lorsque, par un décret des puissances suprêmes,
Le Poète apparaît en ce monde ennuyé,
Sa mère épouvantée et pleine de blasphèmes
Crispe ses poings vers Dieu, qui la prend en pitié:

"Ah! que n'ai-je mis bas tout un nœud de vipères,
Plutôt que de nourrir cette dérision!
Maudite soit la nuit aux plaisirs éphémères
Où mon ventre a conçu mon expiation!

"Puisque tu m'as choisie entre toutes les femmes
Pour être le dégoût de mon triste mari,
Et que je ne puis pas rejeter dans les flammes,
Comme un billet d'amour, ce monstre rabougri,

"Je ferai rejaillir la haine qui m'accable
Sur l'instrument maudit de tes méchancetés,
Et je tordrai si bien cet arbre misérable,
Qu'il ne pourra poussa ses boutons empestés!"

Elle ravale ainsi l'écume de sa haine,
Et, ne comprenant pas les desseins éternels,
Elle-même prépare au fond de la Géhenne
Les bûchers consacrés aux crimes maternels.

Pourtant, sous la tutelle invisible d'un Ange,
L'Enfant déshérité s'enivre de soleil,
Et dans tout ce qu'il boit et dans tout ce qu'il mange
Retrouve l'ambroisie et le nectar vermeil.

Il joue avec le vent, cause avec le nuage
Et s'enivre en chantant du chemin de la croix;
Et l'Esprit qui le suit dans son pèlerinage
Pleure de le voir gai comme un oiseau des bois.

Tous ceux qu'il veut aimer l'observent avec crainte,
Ou bien, s'enhardissant de sa tranquillité,
Cherchent à qui saura lui tirer une plainte,
Et font sur lui l'essai de leur férocité.

Dans le pain et le vin destinés à sa bouche
Ils mêlent de la cendre avec d'impurs crachats;
Avec hypocrisie ils jettent ce qu'il touche,
Et s'accusent d'avoir mis leurs pieds dans ses pas.

Sa femme va criant sur les places publiques:
"Puisqu'il me trouve assez belle pour m'adorer,
Je ferai le métier des idoles antiques,
Et comme elles je veux me faire redorer;

"Et je me soûlerai de nard, d'encens, de myrrhe,
De génuflexions, de viandes et de vins,
Pour savoir si je puis dans un cœur qui m'admire
Usurper en riant les hommages divins!

"Et, quand je m'ennuîrai de ces farces impies,
Je poserai sur lui ma frêle et forte main;
Et mes ongles, pareils aux ongles des harpies,
Sauront jusqu'à son cœur se frayer un chemin.

"Comme un tout jeune oiseau qui tremble et qui palpite,
J'arracherai ce cœur tout rouge de son sein,
Et, pour rassasier ma bête favorite,
Je le lui jetterai par terre avec dédain!"

Vers le Ciel, où son œil voit un trône splendide,
Le Poète serein lève ses bras pieux,
Et les vastes éclairs de son esprit lucide
Lui dérobent l'aspect des peuples furieux:

"Soyez béni, mon Dieu, qui donnez la souffrance
Comme un divin remède à nos impuretés,
Et comme la meilleure et la plus pure essence
Qui prépare les forts aux saintes voluptés!

"Je sais que vous gardez une place au Poète
Dans les rangs bienheureux des saintes Légions,
Et que vous l'invitez à l'éternelle fête
Des Trônes, des Vertus, des Dominations.

"Je sais que la douleur est la noblesse unique
Où ne mordront jamais la terre et les enfers,
Et qu'il faut pour tresser ma couronne mystique
Imposer tous les temps et tous les univers.

"Mais les bijoux perdus de l'antique Palmyre,
Les métaux inconnus, les perles de la mer,
Par votre main montés, ne pourraient pas suffire
A ce beau diadème éblouissant et clair;

"Car il ne sera fait que de pure lumière,
Puisée au foyer saint des rayons primitifs,
Et dont les yeux mortels, dans leur splendeur entière,
Ne sont que des miroirs obscurcis et plaintifs!"

L'ALBATROS

Souvent, pour s'amuser, les hommes d'équipage
Prennent des albatros, vastes oiseaux des mers,
Qui suivent, indolents compagnons de voyage,
Le navire glissant sur les gouffres amers.

A peine les ont-ils déposés sur les planches,
Que ces rois de l'azur, maladroits et honteux,
Laissent piteusement leurs grandes ailes blanches
Comme des avirons traîner à côté d'eux.

Ce voyageur ailé, comme il est gauche et veule!
Lui, naguère si beau, qu'il est comique et laid!
L'un agace son bec avec un brûle-gueule,
L'autre mime, en boitant, l'infirme qui volait!

Le Poète est semblable au prince des nuées
Qui hante la tempête et se rit de l'archer;
Exilé sur le sol au milieu des huées,
Ses ailes de géant l'empêchent de marcher.

ELEVATION

Au-dessus des étangs, au-dessus des vallées,
Des montagnes, des bois, des nuages, des mers,
Par delà le soleil, par delà les éthers,
Par delà les confins des sphères étoilées,

Mon esprit, tu te meus avec agilité,
Et, comme un bon nageur qui se pâme dans l'onde,
Tu sillonnes gaîment l'immensité profonde
Avec une indicible et mâle volupté.

Envole-toi bien loin de ces miasmes morbides,
Va te purifier dans l'air supérieur,
Et bois, comme une pure et divine liqueur,
Le feu clair qui remplit les espaces limpides.

Derrière les ennuis et les vastes chagrins
Qui chargent de leur poids l'existence brumeuse,
Heureux celui qui peut d'une aile vigoureuse
S'élancer vers les champs lumineux et sereins!

Celui dont les pensers, comme des alouettes,
Vers les cieux le matin prennent un libre essor,
--Qui plane sur la vie et comprend sans effort
Le langage des fleurs et des choses muettes!

LES PHARES

Rubens, fleuve d'oubli, jardin de la paresse,
Oreiller de chair fraîche où l'on ne peut aimer,
Mais où la vie afflue et s'agite sans cesse,
Comme l'air dans le ciel et la mer dans la mer;

Léonard de Vinci, miroir profond et sombre,
Où des anges charmants, avec un doux souris
Tout chargé de mystère, apparaissent à l'ombre
Des glaciers et des pins qui ferment leur pays;

Rembrandt, triste hôpital tout rempli de murmures,
Et d'un grand crucifix décoré seulement,
Où la prière en pleurs s'exhale des ordures,
Et d'un rayon d'hiver traversé brusquement;

Michel-Ange, lieu vague où l'on voit des Hercules
Se mêler à des Christ, et se lever tout droits
Des fantômes puissants, qui dans les crépuscules
Déchirent leur suaire en étirant leurs doigts;

Colères de boxeur, impudences de faune,
Toi qui sus ramasser la beauté des goujats,
Grand cœur gonflé d'orgueil, homme débile et jaune,
Puget, mélancolique empereur des forçats;

Watteau, ce carnaval où bien des cœurs illustres,
Comme des papillons, errent en flamboyant,
Décors frais et légers éclairés par des lustres
Qui versent la folie à ce bal tournoyant;

Goya, cauchemar plein de choses inconnues,
De fœtus qu'on fait cuire au milieu des sabbats,
De vieilles au miroir et d'enfants toutes nues,
Pour tenter les Démons ajustant bien leurs bas;

Delacroix, lac de sang hanté des mauvais anges,
Ombragé par un bois de sapin toujours vert,
Où, sous un ciel chagrin, des fanfares étranges
Passent, comme un soupir étouffé de Weber;

Ces malédictions, ces blasphèmes, ces plaintes,
Ces extases, ces cris, ces pleurs, ces *Te Deum,*
Sont un écho redit par mille labyrinthes;
C'est pour les cœurs mortels un divin opium.

C'est un cri répété par mille sentinelles,
Un ordre renvoyé par mille porte-voix;
C'est un phare allumé sur mille citadelles,
Un appel de chasseurs perdus dans les grands bois!

Car c'est vraiment, Seigneur, le meilleur témoignage
Que nous puissions donner de notre dignité
Que cet ardent sanglot qui roule d'âge en âge
Et vient mourir au bord de votre éternité!

LA MUSE VENALE

O Muse de mon cœur, amante des palais,
Auras-tu, quand Janvier lâchera ses Borées,
Durant les noirs ennuis des neigeuses soirées,
Un tison pour chauffer tes deux pieds violets?

Ranimeras-tu donc tes épaules marbrées
Aux nocturnes rayons qui percent les volets?
Sentant ta bourse à sec autant que ton palais,
Récolteras-tu l'or des voûtes azurées?

Il te faut, pour gagner ton pain de chaque soir,
Comme un enfant de choeur, jouer de l'encensoir,
Chantes des *Te Deum* auxquels tu ne crois guère,

Ou, saltimbanque à jeun, étaler les appas
Et ton rire trempé de pleurs qu'on ne voit pas,
Pour faire épanouir la rate du vulgaire.

L'ENNEMI

Ma jeunesse ne fut qu'un ténébreux orage,
Traversé çà et là par de brillants soleils;
Le tonnerre et la pluie ont fait un tel ravage
Qu'il reste en mon jardin bien peu de fruits vermeils.

Voilà que j'ai touché l'automne des idées,
Et qu'il faut employer la pelle et les râteaux
Pour rassembler à neuf les terres inondées,
Où l'eau creuse des trous grands comme des tombeaux.

Et qui sait si les fleurs nouvelles que je rêve
Trouveront dans ce sol lavé comme une grève
Le mystique aliment qui ferait leur vigueur?

--O douleur! ô douleur! Le Temps mange la vie,
Et l'obscur Ennemi qui nous ronge le cœur
Du sang que nous perdons croît et se fortifie!

LA VIE ANTERIEURE

J'ai longtemps habité sous de vastes portiques
Que les soleils marins teignaient de mille feux,
Et que leurs grands piliers, droits et majestueux,
Rendaient pareils, le soir, aux grottes basaltiques.

Les houles, en roulant les images des cieux,
Mêlaient d'une façon solennelle et mystique
Les tout-puissants accords de leur riche musique
Aux couleurs du couchant reflété par mes yeux.

C'est là que j'ai vécu dans les voluptés calmes,
Au milieu de l'azur, des vagues, des splendeurs
Et des esclaves nus, tout imprégnés d'odeurs,

Qui me rafraîchissaient le front avec des palmes,
Et dont l'unique soin était d'approfondir
Le secret douloureux qui me faisait languir.

BOHEMIENS EN VOYAGE

La tribu prophétique aux prunelles ardentes
Hier s'est mise en route, emportant ses petits
Sur son dos, ou livrant à leurs fiers appétits
Le trésor toujours prêt des mamelles pendantes.

Les hommes vont à pied sous leurs armes luisantes
Le long des chariots où les leurs sont blottis,
Promenant sur le ciel des yeux appesantis
Par le morne regret des chimères absentes.

Du fond de son réduit sablonneux, le grillon,
Les regardant passer, redouble sa chanson;
Cybèle, qui les aime, augmente ses verdures,

Fait couler le rocher et fleurir le désert
Devant ces voyageurs, pour lesquels est ouvert
L'empire familier des ténèbres futures.

L'HOMME ET LA MER

Homme libre, toujours tu chériras la mer!
La mer est ton miroir; tu contemples ton âme
Dans le déroulement infini de sa lame,
Et ton esprit n'est pas un gouffre moins amer.

Tu te plais à plonger au sein de ton image;
Tu l'embrasses des yeux et des bras, et ton cœur
Se distrait quelquefois de sa propre rumeur
Au bruit de cette plainte indomptable et sauvage.

Vous êtes tous les deux ténébreux et discrets,
Homme, nul n'a sondé le fond de tes abîmes;
O mer, nul ne connaît tes richesses intimes,
Tant vous êtes jaloux de garder vos secrets!

Et cependant voilà des siècles innombrables
Que vous vous combattez sans pitié ni remord,
Tellement vous aimez le carnage et la mort,
O lutteurs éternels, ô frères implacables!

DON JUAN AUX ENFERS

Quand don Juan descendit vers l'onde souterraine,
Et lorsqu'il eut donné son obole à Charon,
Un sombre mendiant, l'œil fier comme Antisthène,
D'un bras vengeur et fort saisit chaque aviron.

Montrant leurs seins pendants et leurs robes ouvertes,
Des femmes se tordaient sous le noir firmament,
Et, comme un grand troupeau de victimes offertes,
Derrière lui traînaient un long mugissement.

Sganarelle en riant lui réclamait ses gages,
Tandis que don Luis avec un doigt tremblant
Montrait à tous les morts errant sur les rivages
Le fils audacieux qui railla son front blanc.

Frissonnant sous son deuil, la chaste et maigre Elvire,
Près de l'époux perfide et qui fui son amant
Semblait lui réclamer un suprême sourire
Où brillât la douceur de son premier serment.

Tout droit dans son armure, un grand homme de pierre
Se tenait à la barre et coupait le flot noir;
Mais le calme héros, courbé sur sa rapière,
Regardait le sillage et ne daignait rien voir.

CHATIMENT DE L'ORGUEIL

En ces temps merveilleux où la Théologie
Fleurit avec le plus de sève et d'énergie,
On raconte qu'un jour un docteur des plus grands
--Après avoir forcé les cœurs indifférents,
Les avoir remués dans leurs profondeurs noires;
Après avoir franchi vers les célestes gloires
Des chemins singuliers à lui-même inconnus,
Où les purs Esprits seuls peut-être étaient venus,
--Comme un homme monté trop haut, pris de panique,
S'écria, transporté d'un orgueil satanique:
"Jésus, petit Jésus! je t'ai poussé bien haut!
Mais, si j'avais voulu t'attaquer au défaut
De l'armure, ta honte égalerait ta gloire,
Et tu ne serais plus qu'un fœtus dérisoire!"

Immédiatement sa raison s'en alla.
L'éclat de ce soleil d'un crêpe se voila;
Tout le chaos roula dans cette intelligence,
Temple autrefois vivant, plein d'ordre et d'opulence.
Sous les plafonds duquel tant de pompe avait lui.
Le silence et la nuit s'installèrent en lui,
Comme dans un caveau dont la clef est perdue.
Dès lors il fut semblable aux bêtes de la rue,
Et, quand il s'en allait sans rien voir, à travers
Les champs, sans distinguer les étés des hivers,
Sale, inutile et laid comme une chose usée,
Il faisait des enfants la joie et la risée.

LA BEAUTE

Je suis belle, ô mortels! comme un rêve de pierre,
Et mon sein, où chacun s'est meurtri tour à tour,
Est fait pour inspirer au poète un amour
Eternel et muet ainsi que la matière.

Je trône dans l'azur comme un sphinx incompris;
J'unis un cœur de neige à la blancheur des cygnes;
Je hais le mouvement qui déplace les lignes,
Et jamais je ne pleure et jamais je ne ris.

Les poètes, devant mes grandes attitudes.
Que j'ai l'air d'emprunter aux plus fiers monuments,
Consumeront leurs jours en d'austères études;

Car j'ai, pour fasciner ces dociles amants,
De purs miroirs qui font toutes choses plus belles:
Mes yeux, mes larges yeux aux clartés éternelles!

L'IDEAL

Ce ne seront jamais ces beautés de vignettes,
Produits avariés, nés d'un siècle vaurien,
Ces pieds à brodequins, ces doigts à castagnettes,
Qui sauront satisfaire un cœur comme le mien.

Je laisse, à Gavarni, poète des chloroses,
Soa troupeau gazouillant de beautés d'hôpital,
Car je ne puis trouver parmi ces pâles roses
Une fleur qui ressemble à mon rouge idéal.

Ce qu'il faut à ce cœur profond comme un abîme,
C'est vous, Lady Macbeth, âme puissante au crime,
Rêve d'Eschyle éclos au climat des autans;

Ou bien toi, grand Nuit, fille de Michel-Ange,
Qui tors paisiblement dans une pose étrange
Tes appas façonnés aux bouches des Titans!

LE MASQUE

STATUE ALLÉGORIQUE DANS LE GOUT DE LA RENAISSANCE

A ERNEST CHRISTOPHE STATUAIRE

Contemplons ce trésor de grâces florentines;
Dans l'ondulation de ce corps musculeux
L'Elégance et la Force abondent, sœurs divines.
Cette femme, morceau vraiment miraculeux,
Divinement robuste, adorablement mince,
Est faite pour trôner sur des lits somptueux,
Et charmer les loisirs d'un pontife ou d'un prince.

--Aussi, vois ce souris fin et voluptueux
Où la Fatuité promène son extase;
Ce long regard sournois, langoureux et moqueur;
Ce visage mignard, tout encadré de gaze,
Dont chaque trait nous dit avec un air vainqueur:
"La Volupté m'appelle et l'Amour me couronne!"
A cet être doué de tant de majesté
Vois quel charme excitant la gentillesse donne!
Approchons, et tournons autour de sa beauté.

O blasphème de l'art! ô surprise fatale!
La femme au corps divin, promettant le bonheur,
Par le haut se termine en monstre bicéphale!

Mais non! Ce n'est qu'un masque, un décor suborneur,
Ce visage éclairé d'une exquise grimace,
Et, regarde, voici, crispée atrocement,
La véritable tête, et la sincère face
Renversée à l'abri de la face qui ment.
--Pauvre grande beauté! le magnifique fleuve
De tes pleurs aboutit dans mon cœur soucieux;
Ton mensonge m'enivre, et mon âme s'abreuve
Aux flots que la Douleur fait jaillir de tes yeux!

--Mais pourquoi pleure-t-elle? Elle, beauté parfaite
Qui mettrait à ses pieds le genre humain vaincu,
Quel mal mystérieux ronge son flanc d'athlète?

--Elle pleure, insensé, parce qu'elle a vécu!
Et parce qu'elle vit! Mais ce qu'elle déplore
Surtout, ce qui la fait frémir jusqu'aux genoux,
C'est que demain, hélas! il faudra vivre encore!
Demain, après-demain et toujours!--comme nous!

HYMNE A LA BEAUTE

Viens-tu du ciel profond ou sors-tu de l'abîme,
O Beauté? Ton regard, infernal et divin,
Verse confusément le bienfait et le crime,
Et l'on peut pour cela te comparer au vin.
Tu contiens dans ton œil le couchant et l'aurore;

Tu répands des parfums comme un soir orageux;
Tes baisers sont un filtre et ta bouche une amphore
Qui font le héros lâche et l'enfant courageux.
Sors-tu du gouffre noir ou descends-tu des astres?

Le Destin charmé suit tes jupons comme un chien;
Tu sèmes au hasard la joie et les désastres,
Et tu gouvernes tout et ne réponds de rien.

Tu marches sur des morts. Beauté, dont tu te moques;
De tes bijoux l'Horreur n'est pas le moins charmant,
Et le Meurtre, parmi tes plus chères breloques,
Sur ton ventre orgueilleux danse amoureusement.

L'éphémère ébloui vole vers toi, chandelle,
Crépite, flambe et dit: Bénissons ce flambeau!
L'amoureux pantelant incliné sur sa belle
A l'air d'un moribond caressant son tombeau.

Que tu viennes du ciel ou de l'enfer, qu'importe,
O Beauté! monstre énorme, effrayant, ingénu!
Si ton œil, ton souris, ton pied, m'ouvrent la porte
D'un infini que j'aime et n'ai jamais connu?

De Satan ou de Dieu, qu'importe? Ange ou Sirène,
Qu'importé, si tu rends,--fée aux yeux de velours,
Rythme, parfum, lueur, ô mon unique reine!--
L'univers moins hideux et les instants moins lourds?

LA CHEVELURE

O toison, moutonnant jusque sur l'encolure!
O boucles! O parfum chargé de nonchaloir!
Extase! Pour peupler ce soir l'alcôve obscure
Des souvenirs dormant dans cette chevelure,
Je la veux agiter dans l'air comme un mouchoir.

La langoureuse Asie et la brûlante Afrique,
Tout un monde lointain, absent, presque défunt,
Vit dans tes profondeurs, forêt aromatique!
Comme d'autres esprits voguent sur la musique,
Le mien, ô mon amour! nage sur ton parfum.

J'irai là-bas où l'arbre et l'homme, pleins de sève,
Se pâment longuement sous l'ardeur des climats;
Fortes tresses, soyez la houle qui m'enlève!
Tu contiens, mer d'ébène, un éblouissant rêve
De voiles, de rameurs, de flammes et de mâts:

Un port retentissant où mon âme peut boire
A grands flots le parfum, le son et la couleur;
Où les vaisseaux, glissant dans l'or et dans la moire,
Ouvrent leurs vastes bras pour embrasser la gloire
D'un ciel pur où frémit l'éternelle chaleur.

Je plongerai ma tête amoureuse d'ivresse
Dans ce noir océan où l'autre est enfermé;
Et mon esprit subtil que le roulis caresse
Saura vous retrouver, ô féconde paresse,
Infinis bercements du loisir embaumé!

Cheveux bleus, pavillon de ténèbres tendues,
Vous me rendez l'azur du ciel immense et rond;
Sur les bords duvetés de vos mèches tordues
Je m'enivre ardemment des senteurs confondues
De l'huile de coco, du musc et du goudron.

Longtemps! toujours! ma main dans ta crinière lourde
Sèmera le rubis, la perle et le saphir,
Afin qu'à mon, désir tu ne sois jamais sourde!
N'es-tu pas l'oasis où je rêve, et la gourde
Où je hume à longs traits le vin du souvenir?

Je t'adore à l'égal de la voûte nocturne,
O vase de tristesse, ô grande taciturne,
Et t'aime d'autant plus, belle, que tu me fuis,
Et que tu me parais, ornement de mes nuits,
Plus ironiquement accumuler les lieues
Qui séparent mes bras des immensités bleues.

Je m'avance à l'attaque, et je grimpe aux assauts,
Comme après un cadavre un chœur de vermisseaux,
Et je chéris, ô bête implacable et cruelle,
Jusqu'à cette froideur par où tu m'es plus belle!

Tu mettrais l'univers entier dans ta ruelle,
Femme impure! L'ennui rend ton âme cruelle.
Pour exercer tes dents à ce jeu singulier,
Il te faut chaque jour un cœur au râtelier.
Tes yeux, illuminés ainsi que des boutiques
Ou des ifs flamboyants dans les fêtes publiques,
Usent insolemment d'un pouvoir emprunté,
Sans connaître jamais la loi de leur beauté.

Machine aveugle et sourde en cruauté féconde!
Salutaire instrument, buveur du sang du monde,
Comment n'as-tu pas honte, et comment n'as-tu pas
Devant tous les miroirs vu pâlir tes appas?
La grandeur de ce mal où tu te crois savante
Ne t'a donc jamais fait reculer d'épouvante,
Quand la nature, grande en ses desseins cachés,
De toi se sert, ô femme, ô reine des péchés,
--De toi, vil animal,--pour pétrir un génie?

O fangeuse grandeur, sublime ignominie!

SED NON SATIATA

Bizarre déité, brune comme les nuits,
Au parfum mélangé de musc et de havane,
Œuvre de quelque obi, le Faust de la savane,
Sorcière au flanc d'ébène, enfant des noirs minuits,

Je préfère au constance, à l'opium, au nuits,
L'élixir de ta bouche où l'amour se pavane;
Quand vers toi mes désirs partent en caravane,
Tes yeux sont la citerne où boivent mes ennuis.

Par ces deux grands yeux noirs, soupiraux de ton âme,
O démon sans pitié, verse-moi moins de flamme;
Je ne suis pas le Styx pour t'embrasser neuf fois,

Hélas! et je ne puis, Mégère libertine,
Pour briser ton courage et te mettre aux abois,
Dans l'enfer de ton lit devenir Proserpine!

Avec ses vêtements ondoyants et nacrés,
Même quand elle marche, on croirait qu'elle danse,
Comme ces longs serpents que les jongleurs sacrés
Au bout de leurs bâtons agitent en cadence.

Comme le sable morne et l'azur des déserts,
Insensibles tous deux à l'humaine souffrance,
Comme les longs réseaux de la houle des mers,
Elle se développe avec indifférence.

Ses yeux polis sont faits de minéraux charmants,
Et dans cette nature étrange et symbolique
Où l'ange inviolé se mêle au sphinx antique,

Où tout n'est qu'or, acier, lumière et diamants,
Resplendit à jamais, comme un astre inutile,
La froide majesté de la femme stérile.

LE SERPENT QUI DANSE

Que j'aime voir, chère indolente,
  De ton corps si beau,
Comme une étoile vacillante,
  Miroiter la peau!

Sur ta chevelure profonde
  Aux âcres parfums,
Mer odorante et vagabonde
  Aux flots bleus et bruns.

Comme un navire qui s'éveille
  Au vent du matin,
Mon âme rêveuse appareille
  Pour un ciel lointain.

Tes yeux, où rien ne se révèle
  De doux ni d'amer,
Sont deux bijoux froids où se mêle
  L'or avec le fer.

A te voir marcher en cadence,
  Belle d'abandon,
On dirait un serpent qui danse
  Au bout d'un bâton;

Sous le fardeau de ta paresse
  Ta tête d'enfant
Se balance avec la mollesse
  D'un jeune éléphant,

Et son corps se penche et s'allonge
  Comme un fin vaisseau
Qui roule bord sur bord, et plonge
  Ses vergues dans l'eau.

Comme un flot grossi par la fonte
  Des glaciers grondants,
Quand l'eau de ta bouche remonte
  Au bord de tes dents,

Je crois boire un vin de Bohême,
  Amer et vainqueur,
Un ciel liquide qui parsème
  D'étoiles mon cœur!

UNE CHAROGNE

Rappelez-vous l'objet que nous vîmes, mon âme,
   Ce beau matin d'été si doux:
Au détour d'un sentier une charogne infâme
   Sur un lit semé de cailloux,

Les jambes en l'air, comme une femme lubrique,
   Brûlante et suant les poisons,
Ouvrait d'une façon nonchalante et cynique
   Son ventre plein d'exhalaisons.

Le soleil rayonnait sur cette pourriture,
   Comme afin de la cuire à point,
Et de rendre au centuple à la grande Nature
   Tout ce qu'ensemble elle avait joint.

Et le ciel regardait la carcasse superbe
   Comme une fleur s'épanouir;
La puanteur était si forte que sur l'herbe
   Vous crûtes vous évanouir.

Les mouches bourdonnaient sur ce ventre putride,
   D'où sortaient de noirs bataillons
De larves qui coulaient comme un épais liquide
   Le long de ces vivants haillons.

Tout cela descendait, montait comme une vague,
   Où s'élançait en pétillant;
On eût dit que le corps, enflé d'un souffle vague,
   Vivait en se multipliant.

Et ce monde rendait une étrange musique
   Comme l'eau courante et le vent,
Ou le grain qu'un vanneur d'un mouvement rythmique
   Agite et tourne dans son van.

Les formes s'effaçaient et n'étaient plus qu'un rêve,
    Une ébauche lente à venir
Sur la toile oubliée, et que l'artiste achève
    Seulement par le souvenir.

Derrière les rochers une chienne inquiète
    Nous regardait d'un œil fâché,
Epiant le moment de reprendre au squelette
    Le morceau qu'elle avait lâché.

--Et pourtant vous serez semblable à cette ordure,
    A cette horrible infection,
Etoile de mes yeux, soleil de ma nature,
    Vous, mon ange et ma passion!

Oui! telle vous serez, ô la reine des grâces,
    Après les derniers sacrements,
Quand vous irez sous l'herbe et les floraisons grasses,
    Moisir parmi les ossements.

Alors, ô ma beauté, dites à la vermine
    Qui vous mangera de baisers,
Que j'ai gardé la forme et l'essence divine
    De mes amours décomposés!

DE PROFUNDIS CLAMAVI

J'implore ta pitié. Toi, l'unique que j'aime,
Du fond du gouffre obscur où mon cœur est tombé.
C'est un univers morne à l'horizon plombé,
Où nagent dans la nuit l'horreur et le blasphème;

Un soleil sans chaleur plane au-dessus six mois,
Et les six autres mois la nuit couvre la terre;
C'est un pays plus nu que la terre polaire;
Ni bêtes, ni ruisseaux, ni verdure, ni bois!

Or il n'est d'horreur au monde qui surpasse
La froide cruauté de ce soleil de glace
Et cette immense nuit semblable au vieux Chaos;

Je jalouse le sort des plus vils animaux
Qui peuvent se plonger dans un sommeil stupide,
Tant l'écheveau du temps lentement se dévide!

LE VAMPIRE

Toi qui, comme un coup de couteau.
Dans mon cœur plaintif est entrée;
Toi qui, forte comme un troupeau
De démons, vins, folle et parée,

De mon esprit humilié
Faire ton lit et ton domaine.
--Infâme à qui je suis lié
Comme le forçat à la chaîne,

Comme au jeu le joueur têtu,
Comme à la bouteille l'ivrogne,
Comme aux vermines la charogne,
--Maudite, maudite sois-tu!

J'ai prié le glaive rapide
De conquérir ma liberté,
Et j'ai dit au poison perfide
De secourir ma lâcheté.

Hélas! le poison et le glaive
M'ont pris en dédain et m'ont dit:
"Tu n'es pas digne qu'on t'enlève
A ton esclavage maudit,

Imbécile!--de son empire
Si nos efforts te délivraient,
Tes baisers ressusciteraient
Le cadavre de ton vampire!"

Une nuit que j'étais près d'une affreuse Juive,
Comme au long d'un cadavre un cadavre étendu,
Je me pris à songer près de ce corps vendu
A la triste beauté dont mon désir se prive.

Je me représentai sa majesté native,
Son regard de vigueur et de grâces armé,
Ses cheveux qui lui font un casque parfumé,
Et dont le souvenir pour l'amour me ravive.

Car j'eusse avec ferveur baisé ton noble corps,
Et depuis tes pieds frais jusqu'à tes noires tresses
Déroulé le trésor des profondes caresses,

Si, quelque soir, d'un pleur obtenu sans effort
Tu pouvais seulement, ô reine des cruelles,
Obscurcir la splendeur de tes froides prunelles.

REMORDS POSTHUME

Lorsque tu dormiras, ma belle ténébreuse,
Au fond d'un monument construit en marbre noir,
Et lorsque tu n'auras pour alcôve et manoir
Qu'un caveau pluvieux et qu'une fosse creuse;

Quand la pierre, opprimant ta poitrine peureuse
Et tes flancs qu'assouplit un charmant nonchaloir,
Empêchera ton cœur de battre et de vouloir,
Et tes pieds de courir leur course aventureuse,

Le tombeau, confident de mon rêve infini,
--Car le tombeau toujours comprendra le poète,--
Durant ces longues nuits d'où le somme est banni,

Te dira: "Que vous sert, courtisane imparfaite,
De n'avoir pas connu ce que pleurent les morts?"
--Et le ver rongera ta peau comme un remords.

LE CHAT

Viens, mon beau chat, sur mon cœur amoureux:
    Retiens les griffes de ta patte,
Et laisse-moi plonger dans tes beaux yeux,
    Mêlés de métal et d'agate.

Lorsque mes doigts caressent à loisir
    Ta tête et ton dos élastique,
Et que ma main s'enivre du plaisir
    De palper ton corps électrique,

Je vois ma femme en esprit; son regard,
    Comme le tien, aimable bête,
Profond et froid, coupe et fend comme un dard.

    Et, des pieds jusques à la tête,
Un air subtil, un dangereux parfum
    Nagent autour de son corps brun.

LE BALCON

Mère des souvenirs, maîtresse des maîtresses,
O toi, tous mes plaisirs, ô toi, tous mes devoirs!
Tu te rappelleras la beauté des caresses,
La douceur du foyer et le charme des soirs,
Mère des souvenirs, maîtresse des maîtresses!

Les soirs illuminés par l'ardeur du charbon,
Et les soirs au balcon, voilés de vapeurs roses;
Que ton sein m'était doux! que ton cœur m'était bon!
Nous avons dit souvent d'impérissables choses
Les soirs illuminés par l'ardeur du charbon.

Que les soleils sont beaux dans les chaudes soirées!
Que l'espace est profond! que le cœur est puissant!
En me penchant vers toi, reine des adorées,
Je croyais respirer le parfum de ton sang.
Que les soleils sont beaux dans les chaudes soirées!

La nuit s'épaississait ainsi qu'une cloison,
Et mes yeux dans le noir devinaient tes prunelles
Et je buvais ton souffle, ô douceur, ô poison!
Et tes pieds s'endormaient dans mes mains fraternelles,
La nuit s'épaississait ainsi qu'une cloison.

Je sais l'art d'évoquer les minutes heureuses,
Et revis mon passé blotti dans tes genoux.
Car à quoi bon chercher tes beautés langoureuses
Ailleurs qu'en ton cher corps et qu'en ton cœur si doux?
Je sais l'art d'évoquer les minutes heureuses!

Ces serments, ces parfums, ces baisers infinis,
Renaîtront-ils d'un gouffre interdit à nos sondes,
Comme montent au ciel les soleils rajeunis
Après s'être lacés au fond des mers profondes!
--O serments! ô parfums! ô baisers infinis!

LE POSSEDE

Le soleil s'est couvert d'un crêpe. Comme lui,
O Lune de ma vie! emmitoufle-toi d'ombre;
Dors ou fume à ton gré; sois muette, sois sombre,
Et plonge tout entière au gouffre de l'Ennui;

Je t'aime ainsi! Pourtant, si tu veux aujourd'hui,
Comme un astre éclipsé qui sort de la pénombre,
Te pavaner aux lieux que la Folie encombre,
C'est bien! Charmant poignard, jaillis de ton étui!

Allume ta prunelle à la flamme des lustres!
Allume le désir dans les regards des rustres!
Tout de toi m'est plaisir, morbide ou pétulant;

Sois ce que tu voudras, nuit noire, rouge aurore;
Il n'est pas une fibre en tout mon corps tremblant
Qui ne crie: *O mon cher Belzébuth, je t'adore!*

UN FANTOME

I LES TÉNÈBRES

Dans les caveaux d'insondable tristesse
Où le Destin m'a déjà relégué;
Où jamais n'entre un rayon rosé et gai;
Où, seul avec la Nuit, maussade hôtesse,

Je suis comme un peintre qu'un Dieu moqueur
Condamne à peindre, hélas! sur les ténèbres;
Où, cuisinier aux appétits funèbres,
Je fais bouillir et je mange mon cœur,

Par instants brille, et s'allonge, et s'étale
Un spectre fait de grâce et de splendeur:
A sa rêveuse allure orientale,

Quand il atteint sa totale grandeur,
Je reconnais ma belle visiteuse:
C'est Elle! sombre et pourtant lumineuse.

II LE PARFUM

Lecteur, as-tu quelquefois respiré
Avec ivresse et lente gourmandise
Ce grain d'encens qui remplit une église,
Ou d'un sachet le musc invétéré?

Charme profond, magique, dont nous grise
Dans le présent le passé restauré!
Ainsi l'amant sur un corps adoré
Du souvenir cueille la fleur exquise.

De ses cheveux élastiques et lourds,
Vivant sachet, encensoir de l'alcôve,
Une senteur montait, sauvage et fauve,

Et des habits, mousseline ou velours,
Tout imprégnés de sa jeunesse pure,
Se dégageait un parfum de fourrure.

III LE CADRE

Comme un beau cadre ajoute à la peinture,
Bien qu'elle soit d'un pinceau très vanté,
Je ne sais quoi d'étrange et d'enchanté
En l'isolant de l'immense nature.

Ainsi bijoux, meubles, métaux, dorure,
S'adaptaient juste à sa rare beauté;
Rien n'offusquait sa parfaite clarté,
Et tout semblait lui servir de bordure.

Même on eût dit parfois qu'elle croyait
Que tout voulait l'aimer; elle noyait
Dans les baisers du satin et du linge

Son beau corps nu, plein de frissonnements,
Et, lente ou brusque, en tous ses mouvements,
Montrait la grâce enfantine du singe.

IV LE PORTRAIT

La Maladie et la Mort font des cendres
De tout le feu qui pour nous flamboya.
De ces grands yeux si fervents et si tendres,
De cette bouche où mon cœur se noya,

De ces baisers puissants comme un dictame,
De ces transports plus vifs que des rayons.
Que reste-t-il? C'est affreux, ô mon âme!
Rien qu'un dessin fort pâle, aux trois crayons,

Qui, comme moi, meurt dans la solitude,
Et que le Temps, injurieux vieillard,
Chaque jour frotte avec son aile rude...

Noir assassin de la Vie et de l'Art,
Tu ne tueras jamais dans ma mémoire
Celle qui fut mon plaisir et ma gloire!

Je te donne ces vers afin que, si mon nom
Aborde heureusement aux époques lointaines
Et fait rêver un soir les cervelles humaines,
Vaisseau favorisé par un grand aquilon,

Ta mémoire, pareille aux fables incertaines,
Fatigue le lecteur ainsi qu'un tympanon,
Et par un fraternel et mystique chaînon
Reste comme pendue à mes rimes hautaines;

Etre maudit à qui de l'abîme profond
Jusqu'au plus haut du ciel rien, hors moi, ne répond;
--O toi qui, comme une ombre à la trace éphémère,

Foules d'un pied léger et d'un regard serein
Les stupides mortels qui t'ont jugée amère,
Statue aux yeux de jais, grand ange au front d'airain!

SEMPER EADEM

"D'où vous vient, disiez-vous, cette tristesse étrange,
Montant comme la mer sur le roc noir et nu?"
--Quand notre cœur a fait une fois sa vendange,
Vivre est un mal! C'est un secret de tous connu,

Une douleur très simple et non mystérieuse,
Et, comme votre joie, éclatante pour tous.
Cessez donc de chercher, ô belle curieuse!
Et, bien que votre voix soit douce, taisez-vous!

Taisez-vous, ignorante! âme toujours ravie!
Bouche au rire enfantin! Plus encore que la Vie,
La Mort nous tient souvent par des liens subtils.

Laissez, laissez mon cœur s'enivrer d'un *mensonge,*
Plonger dans vos beaux yeux comme dans un beau songe,
Et sommeiller longtemps à l'ombre de vos cils!

TOUT ENTIERE

Le Démon, dans ma chambre haute,
Ce matin est venu me voir,
Et, tâchant à me prendre en faute,
Me dit: "Je voudrais bien savoir,

Parmi toutes les belles choses
Dont est fait son enchantement,
Parmi les objets noirs ou roses
Qui composent son corps charmant,

Quel est le plus doux."--O mon âme!
Tu répondis à l'Abhorré:
"Puisqu'en elle tout est dictame,
Rien ne peut être préféré.

Lorsque tout me ravit, j'ignore
Si quelque chose me séduit.
Elle éblouit comme l'Aurore
Et console comme la Nuit;

Et l'harmonie est trop exquise,
Qui gouverne tout son beau corps,
Pour que l'impuissante analyse
En note les nombreux accords.

O métamorphose mystique
De tous mes sens fondus en un!
Son haleine fait la musique,
Comme sa voix fait le parfum!"

Que diras-tu ce soir, pauvre âme solitaire,
Que diras-tu, mon cœur, cœur autrefois flétri,
A la très belle, à la très bonne, à la très chère,
Dont le regard divin t'a soudain refleuri?

--Nous mettrons noire orgueil à chanter ses louanges,
Rien ne vaut la douceur de son autorité;
Sa chair spirituelle a le parfum des Anges,
Et son œil nous revêt d'un habit de clarté.

Que ce soit dans la nuit et dans la solitude.
Que ce soit dans la rue et dans la multitude;
Son fantôme dans l'air danse comme un flambeau.

Parfois il parle et dit: "Je suis belle, et j'ordonne
Que pour l'amour de moi vous n'aimiez que le Beau.
Je suis l'Ange gardien, la Muse et la Madone."

CONFESSION

Une fois, une seule, aimable et douce femme,
   A mon bras votre bras poli
S'appuya (sur le fond ténébreux de mon âme
   Ce souvenir n'est point pâli).

Il était tard; ainsi qu'une médaille neuve
   La pleine lune s'étalait,
Et la solennité de la nuit, comme un fleuve,
   Sur Paris dormant ruisselait.

Et le long des maisons, sous les portes cochères,
   Des chats passaient furtivement,
L'oreille au guet, ou bien, comme des ombres chères,
   Nous accompagnaient lentement.

Tout à coup, au milieu de l'intimité libre
   Eclose à la pâle clarté,
De vous, riche et sonore instrument où ne vibre
   Que la radieuse gaîté,

De vous, claire et joyeuse ainsi qu'une fanfare
   Dans le matin étincelant,
Une note plaintive, une note bizarre
   S'échappa, tout en chancelant.

Comme une enfant chétive, horrible, sombre, immonde
   Dont sa famille rougirait,
Et qu'elle aurait longtemps, pour la cacher au monde,
   Dans un caveau mise au secret!

Pauvre ange, elle chantait, votre note criarde:
   "Que rien ici-bas n'est certain,
Et que toujours, avec quelque soin qu'il se farde,
   Se trahit l'égoïsme humain;

Que c'est un dur métier que d'être belle femme,
   Et que c'est le travail banal
De la danseuse folle et froide qui se pâme
   Dans un sourire machinal;

Que bâtir sur les cœurs est une chose sotte,
   Que tout craque, amour et beauté,
Jusqu'à ce que l'Oubli les jette dans sa hotte
Pour les rendre à l'Eternité!"

J'ai souvent évoqué cette lune enchantée,
   Ce silence et cette langueur,
Et cette confidence horrible chuchotée
   Au confessionnal du cœur.

LE FLACON

Il est de forts parfums pour qui toute matière
Est poreuse. On dirait qu'ils pénètrent le verre.
En ouvrant un coffret venu de l'orient
Dont la serrure grince et rechigne en criant,

Ou dans une maison déserte quelque armoire
Pleine de l'âcre odeur des temps, poudreuse et noire,
Parfois on trouve un vieux flacon qui se souvient,
D'où jaillit toute vive une âme qui revient.

Mille pensers dormaient, chrysalides funèbres,
Frémissant doucement dans tes lourdes ténèbres,
Qui dégagent leur aile et prennent leur essor,
Teintés d'azur, glacés de rose, lamés d'or.

Voilà le souvenir enivrant qui voltige
Dans l'air troublé; les yeux se ferment; le Vertige
Saisit l'âme vaincue et la pousse à deux mains
Vers un gouffre obscurci de miasmes humains;

Il la terrasse au bord d'un gouffre séculaire,
Où, Lazare odorant déchirant son suaire,
Se meut dans son réveil le cadavre spectral
D'un vieil amour ranci, charmant et sépulcral.

Ainsi, quand je serai perdu dans la mémoire
Des hommes, dans le coin d'une sinistre armoire;
Quand on m'aura jeté, vieux flacon désolé,
Décrépit, poudreux, sale, abject, visqueux, fêlé,

Je serai ton cercueil, aimable pestilence!
Le témoin de ta force et de ta virulence,
Cher poison préparé par les anges! liqueur
Qui me ronge, ô la vie et la mort de mon cœur!

LE POISON

Le vin sait revêtir le plus sordide bouge
    D'un luxe miraculeux,
Et fait surgir plus d'un portique fabuleux
    Dans l'or de sa vapeur rouge,
Comme un soleil couchant dans un ciel nébuleux.

L'opium agrandit ce qui n'a pas de bornes,
    Allonge l'illimité,
Approfondit le temps, creuse la volupté,
    Et de plaisirs noirs et mornes
Remplit l'âme au delà de sa capacité.

Tout cela ne vaut pas le poison qui découle
    De tes yeux, de tes yeux verts,
Lacs où mon âme tremble et se voit à l'envers...
    Mes songes viennent en foule
Pour se désaltérer à ces gouffres amers.

Tout cela ne vaut pas le terrible prodige
    De ta salive qui mord,
Qui plonge dans l'oubli mon âme sans remord,
    Et, charriant le vertige,
La roule défaillante aux rives de la mort!

LE CHAT

I

Dans ma cervelle se promène
Ainsi qu'en son appartement,
Un beau chat, fort, doux et charmant,
Quand il miaule, on l'entend à peine,

Tant son timbre est tendre et discret;
Mais que sa voix s'apaise ou gronde,
Elle est toujours riche et profonde.
C'est là son charme et son secret.

Cette voix, qui perle et qui filtre
Dans mon fond le plus ténébreux,
Me remplit comme un vers nombreux
Et me réjouit comme un philtre.

Elle endort les plus cruels maux
Et contient toutes les extases;
Pour dire les plus longues phrases,
Elle n'a pas besoin de mots.

Non, il n'est pas d'archet qui morde
Sur mon cœur, parfait instrument,
Et fasse plus royalement
Chanter sa plus vibrante corde

Que ta voix, chat mystérieux,
Chat séraphique, chat étrange,
En qui tout est, comme un ange,
Aussi subtil qu'harmonieux.

II

De sa fourrure blonde et brune
Sort un parfum si doux, qu'un soir
J'en fus embaumé, pour l'avoir
Caressée une fois, rien qu'une.

C'est l'esprit familier du lieu;
Il juge, il préside, il inspire
Toutes choses dans son empire;
Peut-être est-il fée, est-il dieu?

Quand mes yeux, vers ce chat que j'aime
Tirés comme par un aimant,
Se retournent docilement,
Et que je regarde en moi-même,

Je vois avec étonnement
Le feu de ses prunelles pâles,
Clairs fanaux, vivantes opales,
Qui me contemplent fixement.

LE BEAU NAVIRE

Je veux te raconter, ô molle enchanteresse,
Les diverses beautés qui parent ta jeunesse;
   Je veux te peindre ta beauté
Où l'enfance s'allie à la maturité.

Quand tu vas balayant l'air de ta jupe large,
Tu fais l'effet d'un beau vaisseau qui prend le large,
   Chargé de toile, et va roulant
Suivant un rythme doux, et paresseux, et lent.

Sur ton cou large et rond, sur tes épaules grasses,
Ta tête se pavane avec d'étranges grâces;
   D'un air placide et triomphant
Tu passes ton chemin, majestueuse enfant.

Je veux te raconter, ô molle enchanteresse,
Les diverses beautés qui parent ta jeunesse;
   Je veux te peindre ta beauté
Où l'enfance s'allie à la maturité.

Ta gorge qui s'avance et qui pousse la moire,
Ta gorge triomphante est une belle armoire
   Dont les panneaux bombés et clairs
Comme les boucliers accrochent des éclairs;

Boucliers provoquants, armés de pointes roses!
Armoire à doux secrets, pleine de bonnes choses,
   De vins, de parfums, de liqueurs
Qui feraient délirer les cerveaux et les cœurs!

Quand tu vas balayant l'air de ta jupe large,
Tu fais l'effet d'un beau vaisseau qui prend le large,
   Chargé de toile, et va roulant
Suivant un rythme doux, et paresseux, et lent.

Tes nobles jambes sons les volants qu'elles chassent,
Tourmentent les désirs obscurs et les agacent
    Comme deux sorcières qui font
Tourner un philtre noir dans un vase profond.

Tes bras qui se joueraient des précoces hercules
Sont des boas luisants les solides émules,
    Faits pour serrer obstinément,
Comme pour l'imprimer dans ton cœur, ton amant.

Sur ton cou large et rond, sur tes épaules grasses,
Ta tête se pavane avec d'étranches grâces;
    D'un air placide et triomphant
Tu passes ton chemin, majestueuse enfant.

L'IRREPARABLE

I

Pouvons-nous étouffer le vieux, le long Remords,
    Qui vit, s'agite et se tortille,
Et se nourrit de nous comme le ver des morts,
    Comme du chêne la chenille?
Pouvons-nous étouffer l'implacable Remords?

Dans quel philtre, dans quel vin, dans quelle tisane
    Noierons-nous ce vieil ennemi,
Destructeur et gourmand comme la courtisane,
    Patient comme la fourmi?
Dans quel philtre?--dans quel vin?--dans quelle tisane?

Dis-le, belle sorcière, oh! dis, si tu le sais,
    A cet esprit comblé d'angoisse
Et pareil au mourant qu'écrasent les blessés,
    Que le sabot du cheval froisse,
Dis-le, belle sorcière, oh! dis, si tu le sais,

A cet agonisant que le loup déjà flaire
    Et que surveille le corbeau,
A ce soldat brisé, s'il faut qu'il désespère
    D'avoir sa croix et son tombeau;
Ce pauvre agonisant que le loup déjà flaire!

Peut-on illuminer un ciel bourbeux et noir?
    Peut-on déchirer des ténèbres
Plus denses que la poix, sans matin et sans soir,
    Sans astres, sans éclairs funèbres?
Peut-on illuminer un ciel bourbeux et noir?

L'Espérance qui brille aux carreaux de l'Auberge
    Est souillée, est morte à jamais!
Sans lune et sans rayons trouver où l'on héberge
    Les martyrs d'un chemin mauvais!
Le Diable a tout éteint aux carreaux de l'Auberge!

Adorable sorcière, aimes-tu les damnés!
    Dis, connais-tu l'irrémissible?
Connais-tu le Remords, aux traits empoisonnés,
    A qui notre cœur sert de cible?
Adorable sorcière, aimes-tu les damnés?

L'irréparable ronge avec sa dent maudite
    Notre âme, piteux monument,
Et souvent il attaque, ainsi que le termite,
    Par la base le bâtiment.
L'irréparable ronge avec sa dent maudite!

II

J'ai vu parfois, au fond d'un théâtre banal
    Qu'enflammait l'orchestre sonore,
Une fée allumer dans un ciel infernal
    Une miraculeuse aurore;
J'ai vu parfois au fond d'un théâtre banal

Un être qui n'était que lumière, or et gaze,
    Terrasser l'énorme Satan
Mais mon cœur, que jamais ne visite l'extase
    Est un théâtre où l'on attend
Toujours, toujours en vain, l'Etre aux ailes de gaze!

CAUSERIE

Vous êtes un beau ciel d'automne, clair et rose!
Mais la tristesse en moi monte comme la mer,
Et laisse, en refluant, sur ma lèvre morose
Le souvenir cuisant de son limon amer.

--Ta main se glisse en vain sur mon sein qui se pâme;
Ce qu'elle cherche, amie, est un lieu saccagé
Par la griffe et la dent féroce de la femme.
Ne cherchez plus mon cœur; les bêtes l'ont mangé.

Mon cœur est un palais flétri par la cohue;
On s'y soûle, on s'y tue, on s'y prend aux cheveux.
--Un parfum nage autour de votre gorge nue!...

O Beauté, dur fléau des âmes! tu le veux!
Avec tes yeux de feu, brillants comme des fêtes!
Calcine ces lambeaux qu'ont épargnés les bêtes!

CHANT D'AUTOMNE

I

Bientôt nous plongerons dans les froides ténèbres;
Adieu, vive clarté de nos étés trop courts!
J'entends déjà tomber avec des chocs funèbres
Le bois retentissant sur le pavé des cours.

Tout l'hiver va rentrer dans mon être: colère,
Haine, frissons, horreur, labeur dur et forcé,
Et, comme le soleil dans son enfer polaire.
Mon cœur ne sera plus qu'un bloc rouge et glacé.

J'écoute en frémissant chaque bûche qui tombe;
L'échafaud qu'on bâtit n'a pas d'écho plus sourd.
Mon esprit est pareil à la tour qui succombe
Sous les coups du bélier infatigable et lourd.

Il me semble, bercé par ce choc monotone,
Qu'on cloue en grande hâte un cercueil quelque part...
Pour qui?--C'était hier l'été; voici l'automne!
Ce bruit mystérieux sonne comme un départ.

II

J'aime de vos longs yeux la lumière verdâtre,
Douce beauté, mais tout aujourd'hui m'est amer,
Et rien, ni votre amour, ni le boudoir, ni l'âtre,
Ne me vaut le soleil rayonnant sur la mer.

Et pourtant aimez-moi, tendre cœur! soyez mère
Même pour un ingrat, même pour un méchant;
Amante ou sœur, soyez la douceur éphémère
D'un glorieux automne ou d'un soleil couchant.

Courte tâche! La tombe attend; elle est avide!
Ah! laissez-moi, mon front posé sur vos genoux,
Goûter, en regrettant l'été blanc et torride,
De l'arrière-saison le rayon jaune et doux!

CHANSON D'APRES-MIDI

Quoique tes sourcils méchants
Te donnent un air étrange
Qui n'est pas celui d'un ange,
Sorcière aux yeux alléchants,

Je t'adore, ô ma frivole,
Ma terrible passion!
Avec la dévotion
Du prêtre pour son idole.

Le désert et la forêt
Embaument tes tresses rudes,
Ta tête a les attitudes
De l'énigme et du secret.

Sur ta chair le parfum rôde
Comme autour d'un encensoir;
Tu charmes comme le soir,
Nymphe ténébreuse et chaude.

Ah! les philtres les plus forts
Ne valent pas ta paresse,
Et tu connais la caresse
Qui fait revivre les morts!

Tes hanches sont amoureuses
De ton dos et de tes seins,
Et tu ravis les coussins
Par tes poses langoureuses.

Quelquefois pour apaiser
Ta rage mystérieuse,
Tu prodigues, sérieuse,
La morsure et le baiser;

Tu me déchires, ma brune,
Avec un rire moqueur,
Et puis tu mets sur mon cœur
Ton œil doux comme la lune.

Sous tes souliers de satin,
Sous tes charmants pieds de soie,
Moi, je mets ma grande joie,
Mon génie et mon destin,

Mon âme par toi guérie,
Par toi, lumière et couleur!
Explosion de chaleur
Dans ma noire Sibérie!

SISINA

Imaginez Diane en galant équipage,
Parcourant les forêts ou battant les halliers,
Cheveux et gorge au vent, s'enivrant de tapage,
Superbe et défiant les meilleurs cavaliers!

Avez-vous vu Théroigne, amante du carnage,
Excitant à l'assaut un peuple sans souliers,
La joue et l'œil en feu, jouant son personnage,
Et montant, sabre au poing, les royaux escaliers?

Telle la Sisina! Mais la douce guerrière
A l'âme charitable autant que meurtrière,
Son courage, affolé de poudre et de tambours,

Devant les suppliants sait mettre bas les armes,
Et son cœur, ravagé par la flamme, a toujours,
Pour qui s'en montre digne, un réservoir de larmes.

A UNE DAME CREOLE

Au pays parfumé que le soleil caresse,
J'ai connu sous un dais d'arbres tout empourprés
Et de palmiers, d'où pleut sur les yeux la paresse,
Une dame créole aux charmes ignorés.

Son teint est pâle et chaud; la brune enchanteresse
A dans le col des airs noblement maniérés;
Grande et svelte en marchant comme une chasseresse,
Son sourire est tranquille et ses yeux assurés.

Si vous alliez, Madame, au vrai pays de gloire,
Sur les bords de la Seine ou de la verte Loire,
Belle digne d'orner les antiques manoirs,

Vous feriez, à l'abri des ombreuses retraites,
Germer mille sonnets dans le cœur des poètes,
Que vos grands yeux rendraient plus soumis que vos noirs.

LE REVENANT

Comme les anges à l'œil fauve,
Je reviendrai dans ton alcôve
Et vers toi glisserai sans bruit
Avec les ombres de la nuit;

Et je te donnerai, ma brune,
Des baisers froids comme la lune
Et des caresses de serpent
Autour d'une fosse rampant.

Quand viendra le matin livide,
Tu trouveras ma place vide,
Où jusqu'au soir il fera froid.

Comme d'autres par la tendresse,
Sur ta vie et sur ta jeunesse,
Moi, je veux régner par l'effroi!

SONNET D'AUTOMNE

Ils me disent, tes yeux, clairs comme le cristal:
"Pour toi, bizarre amant, quel est donc mon mérite?"
--Sois charmante et tais-toi! Mon cœur, que tout irrite,
Excepté la candeur de l'antique animal,

Ne veut pas te montrer son secret infernal,
Berceuse dont la main aux longs sommeils m'invite,
Ni sa noire légende avec la flamme écrite.
Je hais la passion et l'esprit me fait mal!

Aimons-nous doucement. L'Amour dans sa guérite,
Ténébreux, embusqué, bande son arc fatal.
Je connais les engins de son vieil arsenal:

Crime, horreur et folie!--O pâle marguerite!
Comme moi n'es-tu pas un soleil automnal,
O ma si blanche, ô ma si froide Marguerite?

TRISTESSE DE LA LUNE

Ce soir, la lune rêve avec plus de paresse;
Ainsi qu'une beauté, sur de nombreux coussins,
Qui d'une main distraite et légère caresse,
Avant de s'endormir, le contour de ses seins,

Sur le dos satiné des molles avalanches,
Mourante, elle se livre aux longues pâmoisons,
Et promène ses yeux sur les visions blanches
Qui montent dans l'azur comme des floraisons.

Quand parfois sur ce globe, en sa langueur oisive,
Elle laisse filer une larme furtive,
Un poète pieux, ennemi du sommeil,

Dans le creux de sa main prend cette larme pâle,
Aux reflets irisés comme un fragment d'opale,
Et la met dans son cœur loin des yeux du soleil.

LES CHATS

Les amoureux fervents et les savants austères
Aiment également dans leur mûre saison,
Les chats puissants et doux, orgueil de la maison,
Qui comme eux sont frileux et comme eux sédentaires.

Amis de la science et de la volupté,
Ils cherchent le silence et l'horreur des ténèbres;
L'Erèbe les eût pris pour ses coursiers funèbres,
S'ils pouvaient au servage incliner leur fierté.

Ils prennent en songeant les nobles attitudes
Des grands sphinx allongés au fond des solitudes,
Qui semblent s'endormir dans un rêve sans fin;

Leurs reins féconds sont pleins d'étincelles magiques,
Et des parcelles d'or, ainsi qu'un sable fin,
Etoilent vaguement leurs prunelles mystiques.

LA PIPE

Je suis la pipe d'un auteur;
On voit, à contempler ma mine
D'Abyssienne ou de Cafrine,
Que mon maître est un grand fumeur.

Quand il est comblé de douleur,
Je fume comme la chaumine
Où se prépare la cuisine
Pour le retour du laboureur.

J'enlace et je berce son âme
Dans le réseau mobile et bleu
Qui monte de ma bouche en feu,

Et je roule un puissant dictame
Qui charme son cœur et guérit
De ses fatigues son esprit.

LA MUSIQUE

La musique souvent me prend comme une mer!
   Vers ma pâle étoile,
Sous un plafond de brume ou dans un vaste éther,
   Je mets à la voile;

La poitrine en avant et les poumons gonflés
   Comme de la toile,
J'escalade le dos des flots amoncelés
   Que la nuit me voile;

Je sens vibrer en moi toutes les passions
   D'un vaisseau qui souffre;
Le bon vent, la tempête et ses convulsions

   Sur l'immense gouffre
Me bercent.--D'autres fois, calme plat, grand mimoir
   De mon désespoir!

SEPULTURE D'UN POETE MAUDIT

Si par une nuit lourde et sombre
Un bon chrétien, par charité,
Derrière quelque vieux décombre
Enterre votre corps vanté,

A l'heure où les chastes étoiles
Ferment leurs yeux appesantis,
L'araignée y fera ses toiles,
Et la vipère ses petits;

Vous entendrez toute l'année
Sur votre tête condamnée
Les cris lamentables des loups

Et des sorcières faméliques,
Les ébats des vieillards lubriques
Et les complots des noirs filous.

LE MORT JOYEUX

Dans une terre grasse et pleine d'escargots
Je veux creuser moi-même une fosse profonde,
Où je puisse à loisir étaler mes vieux os
Et dormir dans l'oubli comme un requin dans l'onde.

Je hais les testaments et je hais les tombeaux;
Plutôt que d'implorer une larme du monde,
Vivant, j'aimerais mieux inviter les corbeaux
A saigner tous les bouts de ma carcasse immonde.

O vers! noirs compagnons sans oreille et sans yeux,
Voyez venir à vous un mort libre et joyeux;
Philosophes viveurs, fils de la pourriture,

A travers ma ruine allez donc sans remords,
Et dites-moi s'il est encor quelque torture
Pour ce vieux corps sans âme et mort parmi les morts?

LA CLOCHE FELEE

Il est amer et doux, pendant les nuits d'hiver,
D'écouter près du feu qui palpite et qui fume
Les souvenirs lointains lentement s'élever
Au bruit des carillons qui chantent dans la brume.

Bienheureuse la cloche au gosier vigoureux
Qui, malgré sa vieillesse, alerte et bien portante,
Jette fidèlement son cri religieux,
Ainsi qu'un vieux soldat qui veille sous la tente!

Moi, mon âme est fêlée, et lorsqu'en ses ennuis
Elle veut de ses chants peupler l'air froid des nuits,
Il arrive souvent que sa voix affaiblie

Semble le râle épais d'un blessé qu'on oublie
Au bord d'un lac de sang sous un grand tas de morts,
Et qui meurt, sans bouger, dans d'immenses efforts.

SPLEEN

Pluviôse, irrité contre la vie entière,
De son urne à grands flots vers un froid ténébreux
Aux pâles habitants du voisin cimetière
Et la mortalité sur les faubourgs brumeux.

Mon chat sur le carreau cherchant une litière
Agite sans repos son corps maigre et galeux;
L'âme d'un vieux poète erre dans la gouttière
Avec la triste voix d'un fantôme frileux.

Le bourdon se lamente, et la bûche enfumée
Accompagne en fausset la pendule enrhumée,
Cependant qu'en un jeu plein de sales parfums,

Héritage fatal d'une vieille hydropique,
Le beau valet de cœur et la dame de pique
Causent sinistrement de leurs amours défunts.
J'ai plus de souvenirs que si j'avais mille ans.

Un gros meuble à tiroirs encombré de bilans,
De vers, de billets doux, de procès, de romances,
Avec de lourds cheveux roulés dans des quittances,
Cache moins de secrets que mon triste cerveau.
C'est une pyramide, un immense caveau,
Qui contient plus de morts que la fosse commune.
--Je suis un cimetière abhorré de la lune,
Où comme des remords se traînent de longs vers
Qui s'acharnent toujours sur mes morts les plus chers.
Je suis un vieux boudoir plein de roses fanées,
Où gît tout un fouillis de modes surannées,
Où les pastels plaintifs et les pâles Boucher,
Seuls, respirent l'odeur d'un flacon débouché.

Rien n'égale en longueur les boiteuses journées,
Quand sous les lourds flocons des neigeuses années
L'ennui, fruit de la morne incuriosité,
Prend les proportions de l'immortalité.
--Désormais tu n'es plus, ô matière vivante!
Qu'un granit entouré d'une vague épouvante,
Assoupi dans le fond d'un Saharah brumeux!
Un vieux sphinx ignoré du monde insoucieux,
Oublié sur la carte, et dont l'humeur farouche
Ne chante qu'aux rayons du soleil qui se couche.

Je suis comme le roi d'un pays pluvieux,
Riche, mais impuissant, jeune et pourtant très vieux,
Qui, de ses précepteurs méprisant les courbettes,
S'ennuie avec ses chiens comme avec d'autres bêtes.
Rien ne peut l'égayer, ni gibier, ni faucon,
Ni son peuple mourant en face du balcon,
Du bouffon favori la grotesque ballade
Ne distrait plus le front de ce cruel malade;
Son lit fleurdelisé se transforme en tombeau,
Et les dames d'atour, pour qui tout prince est beau,
Ne savent plus trouver d'impudique toilette
Pour tirer un souris de ce jeune squelette.
Le savant qui lui fait de l'or n'a jamais pu
De son être extirper l'élément corrompu,
Et dans ces bains de sang qui des Romains nous viennent
Et dont sur leurs vieux jours les puissants se souviennent,
Il n'a su réchauffer ce cadavre hébété
Où coule au lieu de sang l'eau verte du Léthé.

Quand le ciel bas et lourd pèse comme un couvercle
Sur l'esprit gémissant en proie aux longs ennuis,
Et que de l'horizon embrassant tout le cercle
Il nous verse un jour noir plus triste que les nuits;

Quand la terre est changée en un cachot humide,
Où l'Espérance, comme une chauve-souris,
S'en va battant les murs de son aile timide
Et se cognant la tête à des plafonds pourris;

Quand la pluie étalant ses immenses traînées
D'une vaste prison imite les barreaux,
Et qu'un peuple muet d'infâmes araignées
Vient tendre ses filets au fond de nos cerveaux,

Des cloches tout à coup sautent avec furie
Et lancent vers le ciel un affreux hurlement,
Ainsi que des esprits errants et sans patrie
Qui se mettent à geindre opiniâtrement.

--Et de longs corbillards, sans tambours ni musique,
Défilent lentement dans mon âme; l'Espoir,
Vaincu, pleure, et l'Angoisse atroce, despotique,
Sur mon crâne incliné plante son drapeau noir.

LE GOUT DU NEANT

Morne esprit, autrefois amoureux de la lutte,
L'Espoir, dont l'éperon attisait ton ardeur,
Ne veut plus t'enfourcher! Couche-toi sans pudeur,
Vieux cheval dont le pied à chaque obstacle butte.

Résigne-toi, mon cœur; dors ton sommeil de brute.

Esprit vaincu, fourbu! Pour toi, vieux maraudeur,
L'amour n'a plus de goût, non plus que la dispute;
Adieu donc, chants du cuivre et soupirs de la flûte!
Plaisirs, ne tentez plus un cœur sombre et boudeur!

Le Printemps adorable a perdu son odeur!

Et le Temps m'engloutit minute par minute,
Comme la neige immense un corps pris de roideur;
Et je n'y cherche plus l'abri d'une cahute!
Je contemple d'en haut le globe en sa rondeur,

Avalanche, veux-tu m'emporter dans ta chute?

ALCHIMIE DE LA DOULEUR

L'un t'éclaire avec son ardeur
L'autre en toi met son deuil. Naturel
Ce qui dit à l'un: Sépulture!
Dit à l'autre: Vie et splendeur!

Hermès inconnu qui m'assistes
Et qui toujours m'intimidas,
Tu me rends l'égal de Midas,
Le plus triste des alchimistes;

Par toi je change l'or en fer
Et le paradis en enfer;
Dans le suaire des nuages

Je découvre un cadavre cher.
Et sur les célestes rivages
Je bâtis de grands sarcophages.

LA PRIERE D'UN PAÏEN

Ah! ne ralentis pas tes flammes;
Réchauffe mon cœur engourdi,
Volupté, torture des âmes!
Diva! supplicem exaudi!

Déesse dans l'air répandue,
Flamme dans notre souterrain!
Exauce une âme morfondue,
Qui te consacre un chant d'airain.

Volupté, sois toujours ma reine!
Prends le masque d'une sirène
Faîte de chair et de velours,

Ou verse-moi tes sommeils lourds
Dans le vin informe et mystique,
Volupté, fantôme élastique!

LE COUVERCLE

En quelque lieu qu'il aille, ou sur mer ou sur terre,
Sous un climat de flamme ou sous un soleil blanc,
Serviteur de Jésus, courtisan de Cythère,
Mendiant ténébreux ou Crésus rutilant,

Citadin, campagnard, vagabond, sédentaire,
Que son petit cerveau soit actif ou soit lent,
Partout l'homme subit la terreur du mystère,
Et ne regarde en haut qu'avec un œil tremblant.

En haut, le Ciel! ce mur de caveau qui l'étouffe,
Plafond illuminé pour un opéra bouffe
Où chaque histrion foule un sol ensanglanté,

Terreur du libertin, espoir du fol ermite;
Le Ciel! couvercle noir de la grande marmite
Où bout l'imperceptible et vaste Humanité.

L'IMPREVU

Harpagon, qui veillait son père agonisant,
Se dit, rêveur, devant ces lèvres déjà blanches:
"Nous avons au grenier un nombre suffisant,
    Ce me semble, de vieilles planches?"

Célimène roucoule et dit: "Mon cœur est bon,
Et naturellement, Dieu m'a faite très belle."
--Son cœur! cœur racorni, fumé comme un jambon,
    Recuit à la flamme éternelle!

Un gazetier fumeux, qui se croit un flambeau,
Dit au pauvre, qu'il a noyé dans les ténèbres:
"Où donc l'aperçois-tu, ce créateur du Beau,
    Ce Redresseur que tu célèbres?"

Mieux que tous, je connais certains voluptueux
Qui bâille nuit et jour, et se lamente et pleure,
Répétant, l'impuissant et le fat: "Oui, je veux
    Etre vertueux, dans une heure!"

L'horloge, à son tour, dit à voix basse: "Il est mûr,
Le damné! J'avertis en vain la chair infecte.
L'homme est aveugle, sourd, fragile, comme un mur
    Qu'habite et que ronge un insecte!"

Et puis, Quelqu'un paraît, que tous avaient nié,
Et qui leur dit, railleur et fier: "Dans mon ciboire,
Vous avez, que je crois, assez communié,
    A la joyeuse Messe noire?

Chacun de vous m'a fait un temple dans son cœur;
Vous avez, en secret, baisé ma fesse immonde!
Reconnaissez Satan à son rire vainqueur,
    Enorme et laid comme le monde!

Avez-vous donc pu croire, hypocrites surpris,
Qu'on se moque du maître, et qu'avec lui l'on triche,
Et qu'il soit naturel de recevoir deux prix.
    D'aller au Ciel et d'être riche?

Il faut que le gibier paye le vieux chasseur
Qui se morfond longtemps à l'affût de la proie.
Je vais vous emporter à travers l'épaisseur,
    Compagnons de ma triste joie,

A travers l'épaisseur de la terre et du roc,
A travers les amas confus de votre cendre,
Dans un palais aussi grand que moi, d'un seul bloc,
    Et qui n'est pas de pierre tendre;

Car il fait avec l'universel Péché,
Et contient mon orgueil, ma douleur et ma gloire!
--Cependant, tout en haut de l'univers juché,
    Un Ange sonne la victoire

De ceux dont le cœur dit: "Que béni soit ton fouet,
Seigneur! que la douleur, ô Père, soit bénie!
Mon âme dans tes mains n'est pas un vain jouet,
    Et ta prudence est infinie."

Le son de la trompette est si délicieux,
Dans ces soirs solennels de célestes vendanges,
Qu'il s'infiltre comme une extase dans tous ceux
    Dont elle chante les louanges.

L'EXAMEN DE MINUIT

La pendule, sonnant minuit,
Ironiquement nous engage
A nous rappeler quel usage
Nous fîmes du jour qui s'enfuit:
--Aujourd'hui, date fatidique,
Vendredi, treize, nous avons,
Malgré tout ce que nous savons,
Mené le train d'un hérétique.

Nous avons blasphémé Jésus,
Des Dieux le plus incontestable!
Comme un parasite à la table
De quelque monstrueux Crésus,
Nous avons, pour plaire à la brute,
Digne vassale des Démons,
Insulté ce que nous aimons
Et flatté ce qui nous rebute;

Contristé, servile bourreau,
Le faible qu'à tort on méprise;
Salué l'énorme Bêtise,
La Bêtise au front de taureau;
Baisé la stupide Matière
Avec grande dévotion,
Et de la putréfaction
Béni la blafarde lumière.

Enfin, nous avons, pour noyer
Le vertige dans le délire,
Nous, prêtre orgueilleux de la Lyre,
Dont la gloire est de déployer
L'ivresse des choses funèbres,
Bu sans soif et mangé sans faim!...
--Vite soufflons la lampe, afin
De nous cacher dans les ténèbres!

MADRIGAL TRISTE

Que m'importe que tu sois sage?
Sois belle! et sois triste! Les pleurs
Ajoutent un charme au visage,
Comme le fleuve au paysage;
L'orage rajeunit les fleurs.

Je t'aime surtout quand la joie
S'enfuit de ton front terrassé;
Quand ton cœur dans l'horreur se noie;
Quand sur ton présent se déploie
Le nuage affreux du passé.

Je t'aime quand ton grand œil verse
Une eau chaude comme le sang;
Quand, malgré ma main qui te berce,
Ton angoisse, trop lourde, perce
Comme un râle d'agonisant.
J'aspire, volupté divine!

Hymne profond, délicieux!
Tous les sanglots de ta poitrine,
Et crois que ton cœur s'illumine
Des perles que versent tes yeux!

Je sais que ton cœur, qui regorge
De vieux amours déracinés,
Flamboie encor comme une forge,
Et que tu couves sous ta gorge
Un peu de l'orgueil des damnés;

Mais tant, ma chère, que tes rêves
N'auront pas reflété l'Enfer,
Et qu'en un cauchemar sans trêves,
Songeant de poisons et de glaives,
Eprise de poudre et de fer,

N'ouvrant à chacun qu'avec crainte,
Déchiffrant le malheur partout,
Te convulsant quand l'heure tinte,
Tu n'auras pas senti l'étreinte
De l'irrésistible Dégoût,

Tu ne pourras, esclave reine
Qui ne m'aimes qu'avec effroi,
Dans l'horreur de la nuit malsaine
Me dire, l'âme de cris pleine:
"Je suis ton égale, ô mon Roi!"

L'AVERTISSEUR

Tout homme digne de ce nom
A dans le cœur un Serpent jaune,
Installé comme sur un trône,
Qui, s'il dit: "Je veux!" répond: "Non!"

Plonge tes yeux dans les yeux fixes
Des Satyresses ou des Nixes,
La Dent dit: "Pense à ton devoir!"

Fais des enfants, plante des arbres".
Polis des vers, sculpte des marbres,
La Dent dit: "Vivras-tu ce soir?"

Quoi qu'il ébauche ou qu'il espère,
L'homme ne vit pas un moment
Sans subir l'avertissement
De l'insupportable Vipère.

A UNE MALABARAISE

Tes pieds sont aussi fins que tes mains, et ta hanche
Est large à faire envie à la plus belle blanche;
A l'artiste pensif ton corps est doux et cher;
Tes grands yeux de velours sont plus noirs que ta chair
Aux pays chauds et bleus où ton Dieu t'a fait naître,
Ta tâche est d'allumer la pipe de ton maître,
De pourvoir les flacons d'eaux fraîches et d'odeurs,
De chasser loin du lit les moustiques rôdeurs,
Et, dès que le matin fait chanter les platanes,
D'acheter au bazar ananas et bananes.
Tout le jour, où tu veux, tu mènes tes pieds nus,
Et fredonnes tout bas de vieux airs inconnus;
Et quand descend le soir au manteau d'écarlate,
Tu poses doucement ton corps sur une natte,
Où tes rêves flottants sont pleins de colibris,
Et toujours, comme toi, gracieux et fleuris.
Pourquoi, l'heureuse enfant, veux-tu voir notre France,
Ce pays trop peuplé que fauche la souffrance,
Et, confiant ta vie aux bras forts des marins,
Faire de grands adieux à tes chers tamarins?
Toi, vêtue à moitié de mousselines frêles,
Frissonnante là-bas sous la neige et les grêles,
Comme tu pleurerais tes loisirs doux et francs,
Si, le corset brutal emprisonnant tes flancs,
Il te fallait glaner ton souper dans nos fanges
Et vendre le parfum de tes charmes étranges,
L'œil pensif, et suivant, dans nos sales brouillards,
Des cocotiers absents les fantômes épars!

LA VOIX

Mon berceau s'adossait à la bibliothèque,
Babel sombre, où roman, science, fabliau,
Tout, la cendre latine et la poussière grecque,
Se mêlaient. J'étais haut comme un in-folio.
Deux voix me parlaient. L'une, insidieuse et ferme,
Disait: "La Terre est un gâteau plein de douceur;
Je puis (et ton plaisir serait alors sans terme!)
Te faire un appétit d'une égale grosseur."
Et l'autre: "Viens, oh! viens voyager dans les rêves
Au delà du possible, au delà du connu!"
Et celle-là chantait comme le vent des grèves,
Fantôme vagissant, on ne sait d'où venu,
Qui caresse l'oreille et cependant l'effraie.
Je te répondis: "Oui! douce voix!" C'est d'alors
Que date ce qu'on peut, hélas! nommer ma plaie
Et ma fatalité. Derrière les décors
De l'existence immense, au plus noir de l'abîme,
Je vois distinctement des mondes singuliers,
Et, de ma clairvoyance extatique victime,
Je traîne des serpents qui mordent mes souliers.
Et c'est depuis ce temps que, pareil aux prophètes,
J'aime si tendrement le désert et la mer;
Que je ris dans les deuils et pleure dans les fêtes,
Et trouve un goût suave au vin le plus amer;
Que je prends très souvent les faits pour des mensonges
Et que, les yeux au ciel, je tombe dans des trous.
Mais la Voix me console et dit: "Garde des songes;
Les sages n'en ont pas d'aussi beaux que les fous!".

HYMNE

A la très chère, à la très belle
Qui remplit mon cœur de clarté,
A l'ange, à l'idole immortelle,
Salut en immortalité!

Elle se répand dans ma vie
Comme un air imprégné de sel,
Et dans mon âme inassouvie,
Verse le goût de l'éternel.

Sachet toujours frais qui parfume
L'atmosphère d'un cher réduit,
Encensoir oublié qui fume
En secret à travers la nuit,

Comment, amour incorruptible,
T'exprimer avec vérité?
Grain de musc qui gis, invisible,
Au fond de mon éternité!

A l'ange, à l'idole immortelle,
A la très bonne, à la très belle
Qui fait ma joie et ma santé,
Salut en immortalité!

LE REBELLE

Un Ange furieux fond du ciel comme un aigle,
Du mécréant saisit à plein poing les cheveux,
Et dit, le secouant: "Ta connaîtras la règle!
(Car je suis ton bon Ange, entends-tu?) Je le veux!

Sache qu'il faut aimer, sans faire la grimace,
Le pauvre, le méchant, le tortu, l'hébété,
Pour que tu puisses faire à Jésus, quand il passe,
Un tapis triomphal avec ta charité.

Tel est l'Amour! Avant que ton cœur ne se blase,
A la gloire de Dieu rallume ton extase;
C'est la Volupté vraie aux durables appas!"

Et l'Ange, châtiant autant, ma foi! qu'il aime,
De ses poings de géant torture l'anathème;
Mais le damné répond toujours; "Je ne veux pas!"

LE JET D'EAU

Tes beaux yeux sont las, pauvre amante!
Reste longtemps sans les rouvrir,
Dans cette pose nonchalante
Où t'a surprise le plaisir.
Dans la cour le jet d'eau qui jase
Et ne se tait ni nuit ni jour,
Entretient doucement l'extase
Où ce soir m'a plongé l'amour.

La gerbe épanouie
  En mille fleurs,
Où Phœbé réjouie
  Met ses couleurs,
Tombe comme une pluie
  De larges pleurs.

Ainsi ton âme qu'incendie
L'éclair brûlant des voluptés
S'élance, rapide et hardie,
Vers les vastes cieux enchantés.
Puis, elle s'épanche, mourante,
En un flot de triste langueur,
Qui par une invisible pente
Descend jusqu'au fond de mon cœur.

La gerbe épanouie
  En mille fleurs,
Où Phœbé réjouie
  Met ses couleurs,
Tombe comme une pluie
  De larges pleurs.

0 toi, que la nuit rend si belle,
Qu'il m'est doux, penché vers tes seins,
D'écouter la plainte éternelle
Qui sanglote dans les bassins!
Lune, eau sonore, nuit bénie,
Arbres qui frissonnez autour,
Votre pure mélancolie
Est le miroir de mon amour.

La gerbe épanouie
  En mille fleurs,
Où Phœbé réjouie
  Met ses couleurs,
Tombe comme une pluie
  De larges pleurs.

LE COUCHER DU SOLEIL ROMANTIQUE

Que le Soleil est beau quand tout frais il se lève,
Comme une explosion nous lançant son bonjour!
--Bienheureux celui-là qui peut avec amour
Saluer son coucher plus glorieux qu'un rêve!

Je me souviens!... J'ai vu tout, fleur, source, sillon,
Se pâmer sous son œil comme un cœur qui palpite,..
--Courons vers l'horizon, il est tard, courons vite,
Pour attraper au moins un oblique rayon!

Mais je poursuis en vain le Dieu qui se retire;
L'irrésistible Nuit établit son empire,
Noire, humide, funeste et pleine de frissons;

Une odeur de tombeau dans les ténèbres nage,
Et mon pied peureux froisse, au bord du marécage,
Des crapauds imprévus et de froids limaçons.

LE GOUFFRE

Pascal avait son gouffre, avec lui se mouvant.
--Hélas! tout est abîme,--action, désir, rêve,
Parole! et sur mon poil qui tout droit se relève
Mainte fois de la Peur je sens passer le vent.

En haut, en bas, partout, la profondeur, la grève,
Le silence, l'espace affreux et captivant...
Sur le fond de mes nuits Dieu de son doigt savant
Dessine un cauchemar multiforme et sans trêve.

J'ai peur du sommeil comme on a peur d'un grand trou,
Tout plein de vague horreur, menant on ne sait où;
Je ne vois qu'infini par toutes les fenêtres,

Et mon esprit, toujours du vertige hanté,
Jalouse du néant l'insensibilité.
--Ah! ne jamais sortir des Nombres et des Etres!

LES PLAINTES D'UN ICARE

Les amants des prostituées
Sont heureux, dispos et repus;
Quant à moi, mes bras sont rompus
Pour avoir étreint des nuées.

C'est grâce aux astres non pareils,
Qui tout au fond du ciel flamboient,
Que mes yeux consumés ne voient
Que des souvenirs de soleils.

En vain j'ai voulu de l'espace,
Trouver la fin et le milieu;
Sous je ne sais quel œil de feu
Je sens mon aile qui se casse;

Et brûlé par l'amour du beau,
Je n'aurai pas l'honneur sublime
De donner mon nom à l'abîme
Qui me servira de tombeau.

RECUEILLEMENT

Sois sage, ô ma Douleur, et tiens-toi plus tranquille,
Tu réclamais le Soir; il descend; le voici:
Une atmosphère obscure enveloppe la ville,
Aux uns portant la paix, aux autres le souci.

Pendant que des mortels la multitude vile,
Sous le fouet du Plaisir, ce bourreau sans merci,
Va cueillir des remords dans la fête servile,
Ma Douleur, donne-moi la main; viens par ici,

Loin d'eux. Vois se pencher les défuntes Années,
Sur les balcons du ciel, en robes surannées;
Surgir du fond des eaux le Regret souriant;

Le Soleil moribond s'endormir sous une arche,
Et, comme un long linceul traînant à l'Orient,
Entends, ma chère, entends la douce Nuit qui marche.

L'HEAUTONTIMOROUMENOS

A. J. G. F.

Je te frapperai sans colère
Et sans haine,--comme un boucher!
Comme Moïse le rocher,
--Et je ferai de ta paupière,

Pour abreuver mon Sahara,
Jaillir les eaux de la souffrance,
Mon désir gonflé d'espérance
Sur tes pleurs salés nagera

Comme un vaisseau qui prend le large,
Et dans mon cœur qu'ils soûleront
Tes chers sanglots retentiront
Comme un tambour qui bat la charge!

Ne suis-je pas un faux accord
Dans la divine symphonie,
Grâce à la vorace Ironie
Qui me secoue et qui me mord?

Elle est dans ma voix, la criarde!
C'est tout mon sang, ce poison noir!
Je suis le sinistre miroir
Où la mégère se regarde.

Je suis la plaie et le couteau!
Je suis le soufflet et la joue!
Je suis les membres et la roue,
Et la victime et le bourreau!

Je suis de mon cœur le vampire,
--Un de ces grands abandonnés
Au rire éternel condamnés,
Et qui ne peuvent plus sourire!

L'IRREMEDIABLE

I

Une Idée, une Forme, un Etre
Parti de l'azur et tombé
Dans un Styx bourbeux et plombé
Où nul œil du Ciel ne pénètre;

Un Ange, imprudent voyageur
Qu'a tenté l'amour du difforme,
Au fond d'un cauchemar énorme
Se débattant comme un nageur,

Et luttant, angoisses funèbres!
Contre un gigantesque remous
Qui va chantant comme les fous
Et pirouettant dans les ténèbres;

Un malheureux ensorcelé
Dans ses tâtonnements futiles,
Pour fuir d'un lieu plein de reptiles,
Cherchant la lumière et la clé;

Un damné descendant sans lampe,
Au bord d'un gouffre dont l'odeur
Trahit l'humide profondeur,
D'éternels escaliers sans rampe,

Où veillent des monstres visqueux
Dont les larges yeux de phosphore
Font une nuit plus noire encore
Et ne rendent visibles qu'eux;

Un navire pris dans le pôle,
Comme en un piège de cristal,
Cherchant par quel détroit fatal
Il est tombé dans cette geôle;

--Emblèmes nets, tableau parfait
D'une fortune irrémédiable,
Qui donne à penser que le Diable
Fait toujours bien tout ce qu'il fait!

II

Tête-à-tête sombre et limpide
Qu'un cœur devenu son miroir
Puits de Vérité, clair et noir,
Où tremble une étoile livide,

Un phare ironique, infernal,
Flambeau des grâces sataniques,
Soulagement et gloire uniques,
--La conscience dans le Mal!

L'HORLOGE

Horloge dieu sinistre, effrayant, impassible,
Dont le doigt nous menace et nous dit: *Souviens-toi!*
Les bivrantes Douleurs dans ton cœur plein d'effroi
Se planteront bientôt comme dans une cible;

Le Plaisir vaporeux fuira vers l'horizon
Ainsi qu'une sylphide au fond de la coulisse;
Chaque instant te dévore un morceau du délice
A chaque homme accordé pour toute sa saison.

Trois mille six cents fois par heure, la Seconde
Chuchote: *Souviens-toi!*--Rapide, avec sa voix
D'insecte, Maintenant dit: Je sais Autrefois,
Et j'ai pompé ta vie avec ma trompe immonde!

Remember! Souviens-toi! prodigue! *Esto memor!* (Mon gosier de
métal parle toutes les langues.)
Les minutes, mortel folâtre, sont des gangues
Qu'il ne faut pas lâcher sans en extraire l'or!

Souviens-toi que le Temps est un joueur avide Qui gagne sans
tricher, à tout coup! c'est la loi.
Le jour décroît; la nuit augmente, *souviens-toi!*
Le gouffre a toujours soif; la clepsydre se vide.

Tantôt sonnera l'heure où le divin Hasard,
Où l'auguste Vertu, ton épouse encor vierge,
Où le Repentir même (oh! la dernière auberge!),
Où tout te dira: Meurs, vieux lâche! il est trop tard!"

TABLEAUX PARISIENS

LE SOLEIL

Le long du vieux faubourg, où pendant aux masures
Les persiennes, abri des secrètes luxures,
Quand le soleil cruel frappe à traits redoublés
Sur la ville et les champs, sur les toits et les blés.
Je vais m'exercer seul à ma fantasque escrime,
Flairant dans tous les coins les hasards de la rime.
Trébuchant sur les mots comme sur les pavés,
Heurtant parfois des vers depuis longtemps rêvés.

Ce père nourricier, ennemi des chloroses,
Eveille dans les champs les vers comme les roses;
Il fait s'évaporer les soucis vers le ciel,
Et remplit les cerveaux et les ruches de miel.
C'est lui qui rajeunit les porteurs de béquilles
Et les rend gais et doux comme des jeunes filles,
Et commande aux moissons de croître et de mûrir
Dans le cœur immortel qui toujours veut fleurir!
Quand, ainsi qu'un poète, il descend dans les villes,
Il ennoblit le sort des choses les plus viles,
Et s'introduit en roi, sans bruit et sans valets,
Dans tous les hôpitaux et dans tous les palais.

LA LUNE OFFENSEE

O Lune qu'adoraient discrètement nos pères,
Du haut des pays bleus où, radieux sérail,
Les astres vont te suivre en pimpant attirail,
Ma vieille Cynthia, lampe de nos repaires,

Vois-tu les amoureux sur leurs grabats prospères,
De leur bouche en dormant montrer le frais émail?
Le poète buter du front sur son travail?
Où sous les gazons secs s'accoupler les vipères?

Sous ton domino jaune, et d'un pied clandestin,
Vas-tu, comme jadis, du soir jusqu'au matin,
Baiser d'Endymion les grâces surannées?

"--Je vois ta mère, enfant de ce siècle appauvri,
Qui vers son miroir penche un lourd amas d'années,
Et plâtre artistement le sein qui t'a nourri!"

A UNE MENDIANTE ROUSSE

Blanche fille aux cheveux roux,
Dont ta robe par ses trous
Laisse voir la pauvreté
   Et la beauté,

Pour moi, poète chétif,
Ton jeune corps maladif
Plein de taches de rousseur
   A sa douceur.

Tu portes plus galamment
Qu'une reine de roman
Ses cothurnes de velours
   Tes sabots lourds.

Au lieu d'un haillon trop court,
Qu'un superbe habit de cour
Traîne à plis bruyants et longs
   Sur tes talons;

Et place de bas troués,
Que pour les yeux des roués
Sur ta jambe un poignard d'or
   Reluise encor;

Que des nœuds mal attachés
Dévoilent pour nos péchés
Tes deux beaux seins, radieux
   Comme des yeux;

Que pour te déshabiller
Tes bras se fassent prier
Et chassent à coups mutins
   Les doigts lutins;

--Perles de la plus belle eau,
Sonnets de maître Belleau
Par tes galants mis aux fers
   Sans cesse offerts,

Valetaille de rimeurs
Te dédiant leurs primeurs
Et contemplant ton soulier
   Sous l'escalier,

Maint page épris du hasard,
Maint seigneur et maint Ronsard
Epieraient pour le déduit
   Ton frais réduit!

Tu compterais dans tes lits
Plus de baisers que de lys
Et rangerais sous tes lois
   Plus d'un Valois!

--Cependant tu vas gueusant
Quelque vieux débris gisant
Au seuil de quelque Véfour
   De carrefour;

Tu vas lorgnant en dessous
Des bijoux de vingt-neuf sous
Dont je ne puis, oh! pardon!
   Te faire don;

Va donc, sans autre ornement,
Parfum, perles, diamant,
Que ta maigre nudité,
   O ma beauté!

LE CYGNE

A VICTOR HUGO

I

Andromaque, je pense à vous!--Ce petit fleuve,
Pauvre et triste miroir où jadis resplendit
L'immense majesté de vos douleurs de veuve,
Ce Simoïs menteur qui par vos pleurs grandit,

A fécondé soudain ma mémoire fertile,
Comme je traversais le nouveau Carrousel.
--Le vieux Paris n'est plus (la forme d'une ville
Change plus vite, hélas! que le cœur d'un mortel);

Je ne vois qu'en esprit tout ce camp de baraques,
Ces tas de chapiteaux ébauchés et de fûts,
Les herbes, les gros blocs verdis par l'eau des flasques
Et, brillant aux carreaux, le bric-à-brac confus.

Là s'étalait jadis une ménagerie;
Là je vis, un matin, à l'heure où sous les cieux
Clairs et froids le Travail s'éveille, où la voirie
Pousse un sombre ouragan dans l'air silencieux,

Un cygne qui s'était évadé de sa cage,
Et, de ses pieds palmés frottant le pavé sec,
Sur le sol raboteux traînait son grand plumage.
Près d'un ruisseau sans eau la bête ouvrant le bec,

Baignait nerveusement ses ailes dans la poudre,
Et disait, le cœur plein de son beau lac natal:
"Eau, quand donc pleuvras-tu? quand tonneras-tu,
Je vois ce malheureux, mythe étrange et fatal, foudre?

Vers le ciel quelquefois, comme l'homme d'Ovide,
Vers le ciel ironique et cruellement bleu,
Sur son cou convulsif tendant sa tête avide,
Comme s'il adressait des reproches à Dieu!

II

Paris change, mais rien dans ma mélancolie
N'a bougé! palais neufs, échafaudages, blocs,
Vieux faubourgs, tout pour moi devient allégorie,
Et mes chers souvenirs sont plus lourds que des rocs.

Aussi devant ce Louvre une image m'opprime:
Je pense à mon grand cygne, avec ses gestes fous,
Comme les exilés, ridicule et sublime,
Et rongé d'un désir sans trêve! et puis à vous,

Andromaque, des bras d'un grand époux tombée,
Vil bétail, sous la main du superbe Pyrrhus,
Auprès d'un tombeau vide en extase courbée;
Veuve d'Hector, hélas! et femme d'Hélénus!

Je pense à la négresse, amaigrie et phtisique,
Piétinant dans la boue, et cherchant, l'œil hagard,
Les cocotiers absents de la superbe Afrique
Derrière la muraille immense du brouillard;

A quiconque a perdu ce qui ne se retrouve
Jamais! jamais! à ceux qui s'abreuvent de pleurs
Et tettent la Douleur comme une bonne louve!
Aux maigres orphelins séchant comme des fleurs!

Ainsi dans la forêt où mon esprit s'exile
Un vieux Souvenir sonne à plein souffle du cor!
Je pense aux matelots oubliés dans une île,
Aux captifs, aux vaincus!... à bien d'autres encor!

LES SEPT VIEILLARDS

A VICTOR HUGO

Fourmillante cité, cité pleine de rêves,
Où le spectre en plein jour raccroche le passant!
Les mystères partout coulent comme des sèves
Dans les canaux étroits du colosse puissant.

Un matin, cependant que dans la triste rue
Les maisons, dont la brume allongeait la hauteur,
Simulaient les deux quais d'une rivière accrue,
Et que, décor semblable à l'âme de l'acteur,

Un brouillard sale et jaune inondait tout l'espace,
Je suivais, roidissant mes nerfs comme un héros
Et discutant avec mon âme déjà lasse,
Le faubourg secoué par les lourds tombereaux.

Tout à coup, un vieillard dont les guenilles jaunes
Imitaient la couleur de ce ciel pluvieux,
Et dont l'aspect aurait fait pleuvoir les aumônes,
Sans la méchanceté qui luisait dans ses yeux,

M'apparut. On eût dit sa prunelle trempée
Dans le fiel; son regard aiguisait les frimas,
Et sa barbe à longs poils, roide comme une épée,
Se projetait, pareille à celle de Judas.

Il n'était pas voûté, mais cassé, son échine
Faisant avec sa jambe un parfait angle droit,
Si bien que son bâton, parachevant sa mine,
Lui donnait la tournure et le pas maladroit

D'un quadrupède infirme ou d'un juif à trois pattes.
Dans la neige et la boue il allait s'empêtrant,
Comme s'il écrasait des morts sous ses savates,
Hostile à l'univers plutôt qu'indifférent.

Son pareil le suivait: barbe, œil, dos, bâton, loques,
Nul trait ne distinguait, du même enfer venu,
Ce jumeau centenaire, et ces spectres baroques
Marchaient du même pas vers un but inconnu.

A quel complot infâme étais-je donc en butte,
Ou quel méchant hasard ainsi m'humiliait?
Car je comptai sept fois, de minute en minute,
Ce sinistre vieillard qui se multipliait!

Que celui-là qui rit de mon inquiétude,
Et qui n'est pas saisi d'un frisson fraternel
Songe bien que malgré tant de décrépitude
Ces sept monstres hideux avaient l'air éternel!

Aurais-je, sans mourir, contemplé le huitième,
Sosie inexorable, ironique et fatal,
Dégoûtant Phénix, fils et père de lui-même?
--Mais je tournai le dos au cortège infernal.

Exaspéré comme un ivrogne qui voit double,
Je rentrai, je fermai ma porte, épouvanté,
Malade et morfondu, l'esprit fiévreux et trouble,
Blessé par le mystère et par l'absurdité!

Vainement ma raison voulait prendre la barre;
La tempête en jouant déroutait ses efforts,
Et mon âme dansait, dansait, vieille gabarre
Sans mâts, sur une mer monstrueuse et sans bords!

LES PETITES VIEILLES

A VICTOR HUGO

I

Dans les plis sinueux des vieilles capitales,
Où tout, même l'horreur, tourne aux enchantements,
Je guette, obéissant à mes humeurs fatales,
Des êtres singuliers, décrépits et charmants.

Ces monstres disloqués furent jadis des femmes,
Eponine ou Laïs!--Monstres brisés, bossus
Ou tordus, aimons-les! ce sont encor des âmes.
Sous des jupons troués et sous de froids tissus

Ils rampent, flagellés par les bises iniques,
Frémissant au fracas roulant des omnibus,
Et serrant sur leur flanc, ainsi que des reliques,
Un petit sac brodé de fleurs ou de rébus;

Ils trottent, tout pareils à des marionnettes;
Se traînent, comme font les animaux blessés,
Ou dansent, sans vouloir danser, pauvres sonnettes
Où se pend un Démon sans pitié! Tout cassés

Qu'ils sont, ils ont des yeux perçants comme une vrille,
Luisants comme ces trous où l'eau dort dans la nuit;
Ils ont les yeux divins de la petite fille
Qui s'étonne et qui rit à tout ce qui reluit.

--Avez-vous observé que maints cercueils de vieilles
Sont presque aussi petits que celui d'un enfant?
La Mort savante met dans ces bières pareilles
Un symbole d'un goût bizarre et captivant,

Et lorsque j'entrevois un fantôme débile
Traversant de Paris le fourmillant tableau,
Il me semble toujours que cet être fragile
S'en va tout doucement vers un nouveau berceau;

A moins que, méditant sur la géométrie,
Je ne cherche, à l'aspect de ces membres discords,
Combien de fois il faut que l'ouvrier varie
La forme de la boîte où l'on met tous ces corps.

--Ces yeux sont des puits faits d'un million de larmes,
Des creusets qu'un métal refroidi pailleta...
Ces yeux mystérieux ont d'invincibles charmes
Pour celui que l'austère Infortune allaita!

II

De l'ancien Frascati Vestale énamourée;
Prêtresse de Thalie, hélas! dont le souffleur
Défunt, seul, sait le nom; célèbre évaporée
Que Tivoli jadis ombragea dans sa fleur,

Toutes m'enivrent! mais parmi ces êtres frêles
Il en est qui, faisant de la douleur un miel,
Ont dit au Dévouement qui leur prêtait ses ailes:
"Hippogriffe puissant, mène-moi jusqu'au ciel!"

L'une, par sa patrie au malheur exercée,
L'autre, que son époux surchargea de douleurs,
L'autre, par son enfant Madone transpercée,
Toutes auraient pu faire un fleuve avec leurs pleurs!

III

Ah! que j'en ai suivi, de ces petites vieilles!
Une, entre autres, à l'heure où le soleil tombant
Ensanglante le ciel de blessures vermeilles,
Pensive, s'asseyait à l'écart sur un banc,

Pour entendre un de ces concerts, riches de cuivre,
Dont les soldats parfois inondent nos jardins,
Et qui, dans ces soirs dor où l'on se sent revivre,
Versent quelque héroïsme au cœur des citadins.

Celle-là droite encor, fière et sentant la règle,
Humait avidement ce chant vif et guerrier;
Son œil parfois s'ouvrait comme l'œil d'un vieil aigle;
Son front de marbre avait l'air fait pour le laurier!

IV

Telles vous cheminez, stoïques et sans plaintes,
A travers le chaos des vivantes cités,
Mères au cœur saignant, courtisanes ou saintes,
Dont autrefois les noms par tous étaient cités.

Vous qui fûtes la grâce ou qui fûtes la gloire,
Nul ne vous reconnaît! un ivrogne incivil
Vous insulte en passant d'un amour dérisoire;
Sur vos talons gambade un enfant lâche et vil.

Honteuses d'exister, ombres ratatinées,
Peureuses, le dos bas, vous côtoyer les murs,
Et nul ne vous salue, étranges destinées!
Débris d'humanité pour l'éternité mûrs!

Mais moi, moi qui de loin tendrement vous surveille,
L'œil inquiet, fixé sur vos pas incertains,
Tout comme si j'étais votre père, ô merveille!
Je goûte à votre insu des plaisirs clandestins:

Je vois s'épanouir vos passions novices;
Sombres ou lumineux, je vis vos jours perdus;
Mon cœur multiplié jouit de tous vos vices!
Mon âme resplendit de toutes vos vertus!

Ruines! ma famille! ô cerveaux congénères!
Je vous fais chaque soir un solennel adieu!
Où serez-vous demain, Eves octogénaires,
Sur qui pèse la griffe effroyable de Dieu?

A UNE PASSANTE

La rue assourdissante autour de moi hurlait.
Longue, mince, en grand deuil, douleur majestueuse,
Une femme passa, d'une main fastueuse
Soulevant, balançant le feston et l'ourlet;

Agile et noble, avec sa jambe de statue.
Moi, je buvais, crispé comme un extravagant,
Dans son œil, ciel livide où germe l'ouragan,
La douceur qui fascine et le plaisir qui tue.

Un éclair... puis la nuit!--Fugitive beauté
Dont le regard m'a fait soudainement renaître,
Ne te verrai-je plus que dans l'éternité?

Ailleurs, bien loin d'ici! trop tard! *jamais* peut-être!
Car j'ignore où tu fuis, tu ne sais où je vais,
O toi que j'eusse aimée, ô toi qui le savais!

LE CREPUSCULE DU SOIR

Voici le soir charmant, ami du criminel;
Il vient comme un complice, à pas de loup; le ciel
Se ferme lentement comme une grande alcôve,
Et l'homme impatient se change en bête fauve.

O soir, aimable soir, désiré par celui
Dont les bras, sans mentir, peuvent dire: Aujourd'hui
Nous avons travaillé!--C'est le soir qui soulage
Les esprits que dévore une douleur sauvage,
Le savant obstiné dont le front s'alourdit,
Et l'ouvrier courbé qui regagne son lit.

Cependant des démons malsains dans l'atmosphère
S'éveillent lourdement, comme des gens d'affaire,
Et cognent en volant les volets et l'auvent.
A travers les lueurs que tourmente le vent
La Prostitution s'allume dans les rues;
Comme une fourmilière elle ouvre ses issues;

Partout elle se fraye un occulte chemin,
Ainsi que l'ennemi qui tente un coup de main;
Elle remue au sein de la cité de fange
Comme un ver qui dérobe à l'Homme ce qu'il mange.
On entend çà et là les cuisines siffler,
Les théâtres glapir, les orchestres ronfler;
Les tables d'hôte, dont le jeu fait les délices,
S'emplissent de catins et d'escrocs, leurs complices,
Et les voleurs, qui n'ont ni trêve ni merci,
Vont bientôt commencer leur travail, eux aussi,
Et forcer doucement les portes et les caisses
Pour vivre quelques jours et vêtir leurs maîtresses.

Recueille-toi, mon âme, en ce grave moment,
Et ferme ton oreille à ce rugissement.
C'est l'heure où les douleurs des malades s'aigrissent!
La sombre Nuit les prend à la gorge; ils finissent
Leur destinée et vont vers le gouffre commun;
L'hôpital se remplit de leurs soupirs.--Plus d'un
Ne viendra plus chercher la soupe parfumée,
Au coin du feu, le soir, auprès d'une âme aimée.

Encore la plupart n'ont-ils jamais connu
La douceur du foyer et n'ont jamais vécu!

LE JEU

Dans des fauteuils fanés des courtisanes vieilles,
Pâles, le sourcil peint, l'œil câlin et fatal,
Minaudant, et faisant de leurs maigres oreilles
Tomber un cliquetis de pierre et de métal;

Autour des verts tapis des visages sans lèvre,
Des lèvres sans couleur, des mâchoires sans dent,
Et des doigts convulsés d'une infernale fièvre,
Fouillant la poche vide ou le sein palpitant;

Sous de sales plafonds un rang de pâles lustres
Et d'énormes quinquets projetant leurs lueurs
Sur des fronts ténébreux de poètes illustres
Qui viennent gaspiller leurs sanglantes sueurs:

--Voilà le noir tableau qu'en un rêve nocturne
Je vis se dérouler sous mon œil clairvoyant,
Moi-même, dans un coin de l'antre taciturne,
Je me vis accoudé, froid, muet, enviant,

Enviant de ces gens la passion tenace,
De ces vieilles putains la funèbre gaîté,
Et tous gaillardement trafiquant à ma face,
L'un de son vieil honneur, l'autre de sa beauté!

Et mon cœur s'effraya d'envier maint pauvre homme
Courant avec ferveur à l'abîme béant,
Et qui, soûl de son sang, préférerait en somme
La douleur à la mort et l'enfer au néant!

DANSE MACABRE

A ERNEST CHRISTOPHE

Fière, autant qu'un vivant, de sa noble stature,
Avec son gros bouquet, son mouchoir et ses gants,
Elle a la nonchalance et la désinvolture
D'une coquette maigre aux airs extravagants.

Vit-on jamais au bal une taille plus mince?
Sa robe exagérée, en sa royale ampleur,
S'écroule abondamment sur un pied sec que pince
Un soulier pomponné, joli comme une fleur.

La ruche qui se joue au bord des clavicules,
Comme un ruisseau lascif qui se frotte au rocher,
Défend pudiquement des lazzi ridicules
Les funèbres appas qu'elle tient à cacher.

Ses yeux profonds sont faits de vide et de ténèbres
Et son crâne, de fleurs artistement coiffé,
Oscille mollement sur ses frêles vertèbres.
--O charme d'un néant follement attifé!

Aucuns t'appelleront une caricature,
Qui ne comprennent pas, amants ivres de chair,
L'élégance sans nom de l'humaine armature.
Tu réponds, grand squelette, à mon goût le plus cher!

Viens-tu troubler, avec ta puissante grimace,
La fête de la Vie? ou quelque vieux désir,
Eperonnant encor ta vivante carcasse,
Te pousse-t-il, crédule, au sabbat du Plaisir?

Au chant des violons, aux flammes des bougies,
Espères-tu chasser ton cauchemar moqueur,
Et viens-tu demander au torrent des orgies
De refraîchir l'enfer allumé dans ton cœur?

121

Inépuisable puits de sottise et de fautes!
De l'antique douleur éternel alambic!
A travers le treillis recourbé de tes côtes
Je vois, errant encor, l'insatiable aspic.

Pour dire vrai, je crains que ta coquetterie
Ne trouve pas un prix digne de ses efforts:
Qui, de ces cœurs mortels, entend la raillerie?
Les charmes de l'horreur n'enivrent que les forts.

Le gouffre de tes yeux, plein d'horribles pensées,
Exalte le vertige, et les danseurs prudents
Ne contempleront pas sans d'amères nausées
Le sourire éternel de tes trente-deux dents.

Pourtant, qui n'a serré dans ses bras un squelette,
Et qui ne s'est nourri des choses du tombeau?
Qu'importé le parfum, l'habit ou la toilette?
Qui fait le dégoûté montre qu'il se croit beau.

Bayadère sans nez, irrésistible gouge,
Dis donc à ces danseurs qui font les offusqués:
"Fiers mignons, malgré l'art des poudres et du rouge,
Vous sentez tous la mort! O squelettes musqués,

Antinoüs flétris, dandys à face glabre,
Cadavres vernissés, lovelaces chenus,
Le branle universel de la danse macabre
Vous entraîne en des lieux qui ne sont pas connus!

Des quais froids de la Seine aux bords brûlants du Gange,
Le troupeau mortel saute et se pâme, sans voir
Dans un trou du plafond la trompette de l'Ange
Sinistrement béante ainsi qu'un tromblon noir.

En tout climat, sous ton soleil, la Mort t'admire
En tes contorsions, risible Humanité,
Et souvent, comme toi, se parfumant de myrrhe,
Mêle son ironie à ton insanité!"

L'AMOUR DU MENSONGE

Quand je te vois passer, ô ma chère indolente,
Au chant des instruments qui se brise au plafond,
Suspendant ton allure harmonieuse et lente,
Et promenant l'ennui de ton regard profond;

Quand je contemple, aux feux du gaz qui le colore,
Ton front pâle, embelli par un morbide attrait,
Où les torches du soir allument une aurore,
Et tes yeux attirants comme ceux d'un portrait,

Je me dis: Qu'elle est belle! et bizarrement fraîche!
Le souvenir massif, royale et lourde tour,
La couronne, et son cœur, meurtri comme une pêche,
Est mûr, comme son corps, pour le savant amour.

Es-tu le fruit d'automne aux saveurs souveraines?
Es-tu vase funèbre attendant quelques pleurs,
Parfum qui fait rêver aux oasis lointaines,
Oreiller caressant, ou corbeille de fleurs?

Je sais qu'il est des yeux, des plus mélancoliques,
Qui ne recèlent point de secrets précieux;
Beaux écrins sans joyaux, médaillons sans reliques,
Plus vides, plus profonds que vous-mêmes, ô Cieux!

Mais ne suffit-il pas que tu sois l'apparence,
Pour réjouir un cœur qui fuit la vérité?
Qu'importe ta bêtise ou ton indifférence?
Masque ou décor, salut! J'adore ta beauté.

Je n'ai pas oublié, voisine de la ville,
Notre blanche maison, petite mais tranquille,
Sa Pomone de plâtre et sa vieille Vénus
Dans un bosquet chétif cachant leurs membres nus;
Et le soleil, le soir, ruisselant et superbe,
Qui, derrière la vitre où se brisait sa gerbe,
Semblait, grand œil ouvert dans le ciel curieux,
Contempler nos dîners longs et silencieux,
Répandant largement ses beaux reflets de cierge
Sur la nappe frugale et les rideaux de serge.

La servante au grand cœur dont vous étiez jalouse,
Et qui dort son sommeil sous une humble pelouse,
Nous devrions pourtant lui porter quelques fleurs.
Les morts, les pauvres morts ont de grandes douleurs,
Et quand Octobre souffle, émondeur des vieux arbres,
Son vent mélancolique à, l'entour de leurs marbres,
Certe, ils doivent trouver les vivants bien ingrats,
De dormir, comme ils font, chaudement dans leurs draps,
Tandis que, dévorés de noires songeries,
Sans compagnon de lit, sans bonnes causeries,
Vieux squelettes gelés travaillés par le ver,
Ils sentent s'égoutter les neiges de l'hiver
Et le siècle couler, sans qu'amis ni famille
Remplacent les lambeaux qui pendent à leur grille.

Lorsque la bûche siffle et chante, si le soir,
Calme, dans le fauteuil je la voyais s'asseoir,
Si, par une nuit bleue et froide de décembre,
Je la trouvais tapie en un coin de ma chambre,
Grave, et venant du fond de son lit éternel
Couver l'enfant grandi de son œil maternel,
Que pourrais-je répondre à cette âme pieuse
Voyant tomber des pleurs de sa paupière creuse?

BRUMES ET PLUIES

O fins d'automne, hivers, printemps trempés de boue,
Endormeuses saisons! je vous aime et vous loue
D'envelopper ainsi mon cœur et mon cerveau
D'un linceul vaporeux et d'un vague tombeau.

Dans cette grande plaine où l'autan froid se joue,
Où par les longues nuits la girouette s'enroue,
Mon âme mieux qu'au temps du tiède renouveau
Ouvrira largement ses ailes de corbeau.

Rien n'est plus doux au cœur plein de choses funèbres,
Et sur qui dès longtemps descendent les frimas,
O blafardes saisons, reines de nos climats!

Que l'aspect permanent de vos pâles ténèbres,
--Si ce n'est par un soir sans lune, deux à deux,
D'endormir la douleur sur un lit hasardeux.

LE VIN

L'AME DU VIN

Un soir, l'âme du vin chantait dans les bouteilles:
"Homme, vers toi je pousse, ô cher déshérité,
Sous ma prison de verre et mes cires vermeilles,
Un chant plein de lumière et de fraternité!

Je sais combien il faut, sur la colline en flamme,
De peine, de sueur et de soleil cuisant
Pour engendrer ma vie et pour me donner l'âme;
Mais je ne serai point ingrat ni malfaisant,

Car j'éprouve une joie immense quand je tombe
Dans le gosier d'un homme usé par ses travaux,
Et sa chaude poitrine est une douce tombe
Où je me plais bien mieux que dans mes froids caveaux.

Entends-tu retentir les refrains des dimanches
Et l'espoir qui gazouille en mon sein palpitant?
Les coudes sur la table et retroussant tes manches,
Tu me glorifieras et tu seras content:

J'allumerai les yeux de ta femme ravie;
A ton fils je rendrai sa force et ses couleurs
Et serai pour ce frêle athlète de la vie
L'huile qui raffermit les muscles des lutteurs.

En toi je tomberai, végétale ambroisie,
Grain précieux jeté par l'éternel Semeur,
Pour que de notre amour naisse la poésie
Qui jaillira vers Dieu comme une rare fleur!"

LE VIN DES CHIFFONNIERS

Souvent, à la clarté rouge d'un réverbère
Dont le vent bat la flamme et tourmente le verre.
Au cœur d'un vieux faubourg, labyrinthe fangeux,
Où l'humanité grouille en ferments orageux,

On voit un chiffonnier qui vient, hochant la tête,
Buttant, et se cognant aux murs comme un poète,
Et, sans prendre souci des mouchards, ses sujets,
Epanche tout son cœur en glorieux projets.

Il prête des serments, dicte des lois sublimes,
Terrasse les méchants, relève les victimes,
Et sous le firmament comme un dais suspendu
S'enivre des splendeurs de sa propre vertu.

Oui, ces gens harcelés de chagrins de ménage,
Moulus par le travail et tourmentés par l'âge,
Ereintés et pliant sous un tas de débris,
Vomissement confus de l'énorme Paris,

Reviennent, parfumés d'une odeur de futailles,
Suivis de compagnons blanchis dans les batailles,
Dont la moustache pend comme les vieux drapeaux!
Les bannières, les fleurs et les arcs triomphaux

Se dressent devant eux, solennelle magie!
Et dans l'étourdissante et lumineuse orgie
Des clairons, du soleil, des cris et du tambour,
Ils apportent la gloire au peuple ivre d'amour!

C'est ainsi qu'à travers l'Humanité frivole
Le vin roule de l'or, éblouissant Pactole;
Par le gosier de l'homme il chante ses exploits
Et règne par ses dons ainsi que les vrais rois.

Pour noyer la rancœur et bercer l'indolence
De tous ces vieux maudits qui meurent en silence,
Dieu, touché de remords, avait fait le sommeil;
L'Homme ajouta le Vin, fils sacré du Soleil!

LE VIN DE L'ASSASSIN

Ma femme est morte, je suis libre!
Je puis donc boire tout mon soûl.
Lorsque je rentrais sans un sou,
Ses cris me déchiraient la fibre.

Autant qu'un roi je suis heureux;
L'air est pur, le ciel admirable...
--Nous avions un été semblable
Lorsque je devins amoureux!

--L'horrible soif qui me déchire
Aurait besoin pour s'assouvir
D'autant de vin qu'en peut tenir
Son tombeau;--ce n'est pas peu dire

Je l'ai jetée au fond d'un puits,
Et j'ai même poussé sur elle
Tous les pavés de la margelle.
--Je l'oublierai si je le puis!

Au nom des serments de tendresse,
Dont rien ne peut nous délier,
Et pour nous réconcilier
Comme au beau temps de notre ivresse,

J'implorai d'elle un rendez-vous,
Le soir, sur une route obscure,
Elle y vint! folle créature!
--Nous sommes tous plus ou moins fous!

Elle était encore jolie,
Quoique bien fatiguée! et moi,
Je l'aimai trop;--voilà pourquoi
Je lui dis: sors de cette vie!

Nul ne peut me comprendre. Un seul
Parmi ces ivrognes stupides
Songea-t-il dans ses nuits morbides
A faire du vin un linceul?

Cette crapule invulnérable
Comme les machines de fer,
Jamais, ni l'été ni l'hiver,
N'a connu l'amour véritable,

Avec ses noirs enchantements,
Son cortège infernal d'alarmes,
Ses fioles de poison, ses larmes,
Ses bruits de chaîne et d'ossements!

--Me voilà libre et solitaire!
Je serai ce soir ivre-mort;
Alors, sans peur et sans remord,
Je me coucherai sur la terre,

Et je dormirai comme un chien.
Le chariot aux lourdes roues
Chargé de pierres et de boues,
Le wagon enrayé peut bien

Ecraser ma tête coupable,
Ou me couper par le milieu,
Je m'en moque comme de Dieu,
Du Diable ou de la Sainte Table!

LE VIN DU SOLITAIRE

Le regard singulier d'une femme galante
Qui se glisse vers nous comme le rayon blanc
Que la lune onduleuse envoie au lac tremblant,
Quand elle y veux baigner sa beauté nonchalante,

Le dernier sac d'écus dans les doigts d'un joueur,
Un baiser libertin de la maigre Adeline,
Les sons d'une musique énervante et câline,
Semblable au cri lointain de l'humaine douleur,

Tout cela ne vaut pas, ô bouteille profonde,
Les baumes pénétrants que ta panse féconde
Garde au cœur altéré du poète pieux;

Tu lui verses l'espoir, la jeunesse et la vie,
--Et l'orgueil, ce trésor de toute gueuserie,
Qui nous rend triomphants et semblables aux Dieux.

LE VIN DES AMANTS

Aujourd'hui l'espace est splendide!
Sans mors, sans éperons, sans bride,
Partons à cheval sur le vin
Pour un ciel féerique et divin!

Comme deux anges que torture
Une implacable calenture,
Dans le bleu cristal du matin
Suivons le mirage lointain!

Mollement balancés sur l'aile
Du tourbillon intelligent,
Dans un délire parallèle,

Ma soeur, côte à côte nageant,
Nous fuirons sans repos ni trêves
Vers le paradis de mes rêves!

136

FLEURS DU MAL

UNE MARTYRE

DESSIN D'UN MAITRE INCONNU

Au milieu des flacons, des étoffes lamées
    Et des meubles voluptueux,
Des marbres, des tableaux, des robes parfumées
    Qui trament à plis sompteux,

Dans une chambre tiède où, comme en une serre,
    L'air est dangereux et fatal,
Où des bouquets mourants dans leurs cercueils de verre,
    Exhalent leur soupir final,

Un cadavre sans tête épanche, comme un fleuve,
    Sur l'oreiller désaltéré
Un sang rouge et vivant, dont la toile s'abreuve
    Avec l'avidité d'un pré.

Semblable aux visions pâles qu'enfante l'ombre
    Et qui nous enchaînent les yeux,
La tête, avec l'amas de sa crinière sombre
    Et de ses bijoux précieux,

Sur la table de nuit, comme une renoncule,
    Repose, et, vide de pensers,
Un regard vague et blanc comme le crépuscule
    S'échappe des yeux révulsés.

Sur le lit, le tronc nu sans scrupule étale
    Dans le plus complet abandon
La secrète splendeur et la beauté fatale
    Dont la nature lui fit don;

Un bas rosâtre, orné de coins d'or, à la jambe
    Comme un souvenir est resté;
La jarretière, ainsi qu'un œil secret qui flambe,
    Darde un regard diamanté.

Le singulier aspect de cette solitude
  Et d'un grand portrait langoureux,
Aux yeux provocateurs comme son attitude,
  Révèle un amour ténébreux,

Une coupable joie et des fêtes étranges
  Pleines de baisers infernaux.
Dont se réjouissait l'essaim de mauvais anges
  Nageant dans les plis des rideaux;

Et cependant, à voir la maigreur élégante
  De l'épaule au contour heurté,
La hanche un peu pointue et la taille fringante
  Ainsi qu'an reptile irrité,

Elle est bien jeune encor!--Son âme exaspérée
  Et ses sens par l'ennui mordus
S'étaient-ils entr'ouverts à la meute altérée
  Des désirs errants et perdus?

L'homme vindicatif que tu n'as pu, vivante,
  Malgré tant d'amour, assouvir,
Combla-t-il sur ta chair inerte et complaisante
  L'immensité de son désir?

Réponds, cadavre impur! et par tes tresses roides
  Te soulevant d'un bras fiévreux,
Dis-moi, tête effrayante, as-tu sur tes dents froides,
  Collé les suprêmes adieux?

--Loin du monde railleur, loin de la foule impure,
  Loin des magistrats curieux,
Dors en paix, dors en paix, étrange créature,
  Dans ton tombeau mystérieux;

Ton époux court le monde, et ta forme immortelle
  Veille près de lui quand il dort;
Autant que toi sans doute il te sera fidèle,
  Et constant jusques à la mort.

FEMMES DAMNEES

Comme un bétail pensif sur le sable couchées,
Elles tournent leurs yeux vers l'horizon des mers,
Et leurs pieds se cherchant et leurs mains rapprochées
Ont de douces langueurs et des frissons amers:

Les unes, cœurs épris des longues confidences,
Dans le fond des bosquets où jasent les ruisseaux,
Vont épelant l'amour des craintives enfances
Et creusent le bois vert des jeunes arbrisseaux;

D'autres, comme des sœurs, marchent lentes et graves
A travers les rochers pleins d'apparitions,
Où saint Antoine a vu surgir comme des laves
Les seins nus et pourprés de ses tentations;

Il en est, aux lueurs des résines croulantes,
Qui dans le creux muet des vieux antres païens
T'appellent au secours de leurs fièvres hurlantes,
O Bacchus, endormeur des remords anciens!

Et d'autres, dont la gorge aime les scapulaires,
Qui, recelant un fouet sous leurs longs vêtements,
Mêlent dans le bois sombre et les nuits solitaires
L'écume du plaisir aux larmes des tourments.

O vierges, ô démons, ô monstres, ô martyres,
De la réalité grands esprits contempteurs,
Chercheuses d'infini, dévotes et satyres,
Tantôt pleines de cris, tantôt pleines de pleurs,

Vous que dans votre enfer mon âme a poursuivies,
Pauvres sœurs, je vous aime autant que je vous plains,
Pour vos mornes douleurs, vos soifs inassouvies,
Et les urnes d'amour dont vos grands cœurs sont pleins!

LES DEUX BONNES SŒURS

La Débauche et la Mort sont deux aimables filles,
Prodigues de baisers et riches de santé,
Dont le flanc toujours vierge et drapé de guenilles
Sous l'éternel labeur n'a jamais enfanté.

Au poète sinistre, ennemi des familles.
Favori de l'enfer, courtisan mal renté,
Tombeaux et lupanars montrent sous leurs charmilles
Un lit que le remords n'a jamais fréquenté.

Et la bière et l'alcôve en blasphèmes fécondes
Nous offrent tour à tour, comme deux bonnes sœurs,
De terribles plaisirs et d'affreuses douceurs.

Quand veux-tu m'enterrer, Débauche aux bras immondes?
O Mort, quand viendras-tu, sa rivale en attraits,
Sur ses myrtes infects entre tes noirs cyprès?

ALLEGORIE

C'est une femme belle et de riche encolure,
Qui laisse dans son vin traîner sa chevelure.
Les griffes de l'amour, les poisons du tripot,
Tout glisse et tout s'émousse au granit de sa peau.
Elle rit à la Mort et nargue la Débauche,
Ces monstres dont la main, qui toujours gratte et fauche,
Dans ses jeux destructeurs a pourtant respecté
De ce corps ferme et droit la rude majesté.
Elle marche en déesse et repose en sultane;
Elle a dans le plaisir la foi mahométane,
Et dans ses bras ouverts que remplissent ses seins,
Elle appelle des yeux la race des humains.
Elle croit, elle sait, cette vierge inféconde
Et pourtant nécessaire à la marche du monde,
Que la beauté du corps est un sublime don
Qui de toute infamie arrache le pardon;
Elle ignore l'Enfer comme le Purgatoire,
Et, quand l'heure viendra d'entrer dans la Nuit noire,
Elle regardera la face de la Mort,
Ainsi qu'un nouveau-né,--sans haine et sans remord.

UN VOYAGE A CYTHERE

Mon cœur, comme un oiseau, voltigeait tout joyeux
Et planait librement à l'entour des cordages;
Le navire roulait sous un ciel sans nuages,
Comme un ange enivré du soleil radieux.

Quelle est cette île triste et noire?--C'est Cythère,
Nous dit-on, un pays fameux dans les chansons,
Eldorado banal de tous les vieux garçons.
Regardez, après tout, c'est une pauvre terre.

--Il des doux secrets et des fêtes du cœur!
De l'antique Vénus le superbe fantôme
Au-dessus de tes mers plane comme un arome,
Et charge les esprits d'amour et de langueur.

Belle île aux myrtes verts, pleine de fleurs écloses,
Vénérée à jamais par toute nation,
Où les soupirs des cœurs en adoration
Roulent comme l'encens sur un jardin de roses

Ou le roucoulement éternel d'un ramier
--Cythère n'était plus qu'un terrain des plus maigres,
Un désert rocailleux troublé par des cris aigres.
J'entrevoyais pourtant un objet singulier;

Ce n'était pas un temple aux ombres bocagères,
Où la jeune prêtresse, amoureuse des fleurs,
Allait, le corps brûlé de secrètes chaleurs,
Entre-bâillant sa robe aux brises passagères;

Mais voilà qu'en rasant la côte d'assez près
Pour troubler les oiseaux avec nos voiles blanches
Nous vîmes que c'était un gibet à trois branches,
Du ciel se détachant en noir, comme un cyprès.

De féroces oiseaux perchés sur leur pâture
Détruisaient avec rage un pendu déjà mûr,
Chacun plantant, comme un outil, son bec impur
Dans tous les coins saignants de cette pourriture;

Les yeux étaient deux trous, et du ventre effondré
Les intestins pesants lui coulaient sur les cuisses,
Et ses bourreaux gorgés de hideuses délices
L'avaient à coups de bec absolument châtré.

Sous les pieds, un troupeau de jaloux quadrupèdes,
Le museau relevé, tournoyait et rôdait;
Une plus grande bête au milieu s'agitait
Comme un exécuteur entouré de ses aides.

Habitant de Cythère, enfant d'un ciel si beau,
Silencieusement tu souffrais ces insultes
En expiation de tes infâmes cultes
Et des péchés qui t'ont interdit le tombeau.

Ridicule pendu, tes douleurs sont les miennes!
Je sentis à l'aspect de tes membres flottants,
Comme un vomissement, remonter vers mes dents
Le long fleuve de fiel des douleurs anciennes;

Devant toi, pauvre diable au souvenir si cher,
J'ai senti tous les becs et toutes les mâchoires
Des corbeaux lancinants et des panthères noires
Qui jadis aimaient tant à triturer ma chair.

--Le ciel était charmant, la mer était unie;
Pour moi tout était noir et sanglant désormais,
Hélas! et j'avais, comme en un suaire épais,
Le cœur enseveli dans cette allégorie.

Dans ton île, ô Vénus! je n'ai trouvé debout
Qu'un gibet symbolique où pendait mon image.
--Ah! Seigneur! donnez-moi la force et le courage
De contempler mon cœur et mon corps sans dégoût!

RÉVOLTE

ABEL ET CAÏN

I

Race d'Abel, dors, bois et mange:
Dieu te sourit complaisamment,

Race de Caïn, dans la fange
Rampe et meurs misérablement.

Race d'Abel, ton sacrifice
Flatte le nez du Séraphin!

Race de Caïn, ton supplice
Aura-t-il jamais une fin?

Race d'Abel, vois tes semailles
Et ton bétail venir à bien;

Race de Caïn, tes entrailles
Hurlent la faim comme un vieux chien.

Race d'Abel, chauffe ton ventre
A ton foyer patriarcal;

Race de Caïn, dans ton antre
Tremble de froid, pauvre chacal!
Race d'Abel, aime et pullule:
Ton or fait aussi des petits;

Race de Caïn, cœur qui brûle,
Prends garde à ces grands appétits.

Race d'Abel, tu croîs et broutes
Comme les punaises des bois!

Race de Caïn, sur les routes
Traîne ta famille aux abois.

149

II

Ah! race d'Abel, ta charogne
Engraissera le sol fumant!

Race de Caïn, ta besogne
N'est pas faite suffisamment;

Race d'Abel, voici ta honte:
Le fer est vaincu par l'épieu!

Race de Caïn, au ciel monte
Et sur la terre jette Dieu!

LES LITANIES DE SATAN

O toi, le plus savant et le plus beau des Anges,
Dieu trahi par le sort et privé de louanges,

O Satan, prends pitié de ma longue misère!

O Prince de l'exil, à qui l'on a fait tort,
Et qui, vaincu, toujours te redresses plus fort,

O Satan, prends pitié de ma longue misère!

Toi qui sais tout, grand roi des choses souterraines,
Guérisseur familier des angoisses humaines,

O Satan, prends pitié de ma longue misère!

Toi qui, même aux lépreux, aux parias maudits,
Enseignes par l'amour le goût du Paradis,

O Satan, prends pitié de ma longue misère!

O toi, qui de la Mort, ta vieille et forte amante,
Engendras l'Espérance,--une folle charmante!

O Satan, prends pitié de ma longue misère!

Toi qui fais au proscrit ce regard calme et haut
Qui damne tout un peuple autour d'un échafaud,

O Satan, prends pitié de ma longue misère!

Toi qui sais en quel coin des terres envieuses
Le Dieu jaloux cacha les pierres précieuses,

O Satan, prends pitié de ma longue misère!

Toi dont l'œil clair connaît les profonds arsenaux
Où dort enseveli le peuple des métaux,

O Satan, prends pitié de ma longue misère!

Toi dont la large main cache les précipices
Au somnambule errant au bord des édifices,

O Satan, prends pitié de ma longue misère!

Toi qui, magiquement, assouplis les vieux os
De l'ivrogne attardé foulé par les chevaux,

O Satan, prends pitié de ma longue misère!

Toi qui, pour consoler l'homme frêle qui souffre,
Nous appris à mêler le salpêtre et le soufre.

O Satan, prends pitié de ma longue misère!

Toi qui poses ta marque, ô complice subtil,
Sur le front du Crésus impitoyable et vil,

O Satan, prends pitié de ma longue misère!

Toi qui mets dans les yeux et dans le cœur des filles
Le culte de la plaie et l'amour des guenilles,

O Satan, prends pitié de ma longue misère!

Bâton des exilés, lampe des inventeurs,
Confesseur des pendus et des conspirateurs,

O Satan, prends pitié de ma longue misère!

Père adoptif de ceux qu'en sa noire colère
Du Paradis terrestre a chassés Dieu le Père,
O Satan, prends pitié de ma longue misère!

PRIÉRE

Gloire et louange à toi, Satan, dans les hauteurs
Du Ciel, où tu régnas, et dans les profondeurs
De l'Enfer où, vaincu, tu rêves en silence!
Fais que mon âme un jour, sous l'Arbre de Science,
Près de toi se repose, à l'heure où sur ton front
Comme un Temple nouveau ses rameaux s'épandront!

LA MORT

LA MORT DES AMANTS

Nous aurons des lits pleins d'odeurs légères,
Des divans profonds comme des tombeaux,
Et d'étranges fleurs sur des étagères,
Ecloses pour nous sous des cieux plus beaux.

Usant à l'envi leurs chaleurs dernières,
Nos deux cœurs seront deux vastes flambeaux,
Qui réfléchiront leurs doubles lumières
Dans nos deux esprits, ces miroirs jumeaux.

Un soir fait de rose et de bleu mystique,
Nous échangerons un éclair unique,
Comme un long sanglot, tout chargé d'adieux;

Et plus tard un Ange, entr'ouvrant les portes,
Viendra ranimer, fidèle et joyeux,
Les miroirs ternis et les flammes mortes.

LA MORT DES PAUVRES

C'est la Mort qui console, hélas! et qui fait vivre;
C'est le but de la vie, et c'est le seul espoir
Qui, comme un élixir, nous monte et nous enivre,
Et nous donne le cœur de marcher jusqu'au soir;

A travers la tempête, et la neige et le givre,
C'est la clarté vibrante à notre horizon noir;
C'est l'auberge fameuse inscrite sur le livre,
Où l'on pourra manger, et dormir, et s'asseoir;

C'est un Ange qui tient dans ses doigts magnétiques
Le sommeil et le don des rêves extatiques,
Et qui refait le lit des gens pauvres et nus;

C'est la gloire des Dieux, c'est le grenier mystique,
C'est la bourse du pauvre et sa patrie antique,
C'est le portique ouvert sur les Cieux inconnus!

LE REVE D'UN CURIEUX

Connais-tu, comme moi, la douleur savoureuse,
Et de toi fais-tu dire: "Oh! l'homme singulier!"
--J'allais mourir. C'était dans mon âme amoureuse,
Désir mêlé d'horreur, un mal particulier;

Angoisse et vif espoir, sans humeur factieuse.
Plus allait se vidant le fatal sablier,
Plus ma torture était âpre et délicieuse;
Tout mon cœur s'arrachait au monde familier.

J'étais comme l'enfant avide du spectacle,
Haïssant le rideau comme on hait un obstacle...
Enfin la vérité froide se révéla:

J'étais mort sans surprise, et la terrible aurore
M'enveloppait.--Eh quoi! n'est-ce donc que cela?
La toile était levée et j'attendais encore.

A MAXIME DU CAMP

I

Pour l'enfant, amoureux de cartes et d'estampes,
L'univers est égal à son vaste appétit.
Ah! que le monde est grand à la clarté des lampes!
Aux yeux du souvenir que le monde est petit!

Un matin nous partons, le cerveau plein de flamme,
Le cœur gros de rancune et de désirs amers,
Et nous allons, suivant le rythme de la lame,
Berçant notre infini sur le fini des mers:

Les uns, joyeux de fuir une patrie infâme;
D'autres, l'horreur de leurs berceaux, et quelques-uns,
Astrologues noyés dans les yeux d'une femme,
La Circé tyrannique aux dangereux parfums.

Pour n'être pas changés en bêtes, ils s'enivrent
D'espace et de lumière et de cieux embrasés;
La glace qui les mord, les soleils qui les cuivrent,
Effacent lentement la marque des baisers.

Mais les vrais voyageurs sont ceux-là seuls qui partent
Pour partir; cœurs légers, semblables aux ballons,
De leur fatalité jamais ils ne s'écartent,
Et, sans savoir pourquoi, disent toujours: Allons!

Ceux-là dont les désirs ont la forme des nues,
Et qui rêvent, ainsi qu'un conscrit le canon,
De vastes voluptés, changeantes, inconnues,
Et dont l'esprit humain n'a jamais su le nom!

II

Nous imitons, horreur! la toupie et la boule
Dans leur valse et leurs bonds; même dans nos sommeils
La Curiosité nous tourmente et nous roule,
Comme un Ange cruel qui fouette des soleils.

Singulière fortune où le but se déplace,
Et, n'étant nulle part, peut être n'importe où!
Où l'Homme, dont jamais l'espérance n'est lasse,
Pour trouver le repos court toujours comme un fou!

Notre âme est un trois-mâts cherchant son Icarie;
Une voix retentit sur le pont: "Ouvre l'œil!"
Une voix de la hune, ardente et folle, crie:
"Amour... gloire... bonheur!" Enfer! c'est un écueil!

Chaque îlot signalé par l'homme de vigie
Est un Eldorado promis par le Destin;
L'Imagination qui dresse son orgie
Ne trouve qu'un récit aux clartés du matin.

O le pauvre amoureux des pays chimériques!
Faut-il le mettre aux fers, le jeter à la mer,
Ce matelot ivrogne, inventeur d'Amériques
Dont le mirage rend le gouffre plus amer?

Tel le vieux vagabond, piétinant dans la boue,
Rêve, le nez en l'air, de brillants paradis;
Son œil ensorcelé découvre une Capoue
Partout où la chandelle illumine un taudis.

III

Etonnants voyageurs! quelles nobles histoires
Nous lisons dans vos yeux profonds comme les mers!
Montrez-nous les écrins de vos riches mémoires,
Les bijoux merveilleux, faits d'astres et d'éthers.

Nous voulons voyager sans vapeur et sans voile!
Faites, pour égayer l'ennui de nos prisons,
Passer sur nos esprits, tendus comme une toile,
Vos souvenirs avec leurs cadres d'horizons.

Dites, qu'avez-vous vu?

IV

”Nous avons vu des astres
Et des flots; nous avons vu des sables aussi;
Et, malgré bien des chocs et d'imprévus désastres,
Nous nous sommes souvent ennuyés, comme ici.

La gloire du soleil sur la mer violette,
La gloire des cités dans le soleil couchant,
Allumaient dans nos cœurs une ardeur inquiète
De plonger dans un ciel au reflet alléchant.

Les plus riches cités, les plus grands paysages,
Jamais ne contenaient l'attrait mystérieux
De ceux que le hasard fait avec les nuages,
Et toujours le désir nous rendait soucieux!

--La jouissance ajoute au désir de la force.
Désir, vieil arbre à qui le plaisir sert d'engrais,
Cependant que grossit et durcit ton écorce,
Tes branches veulent voir le soleil de plus près!

Grandiras-tu toujours, grand arbre plus vivace
Que le cyprès?--Pourtant nous avons, avec soin,
Cueilli quelques croquis pour votre album vorace,
Frères qui trouvez beau tout ce qui vient de loin!

Nous avons salué des idoles à trompe;
Des trônes constellés de joyaux lumineux;
Des palais ouvragés dont la féerique pompe
Serait pour vos banquiers un rêve ruineux;

Des costumes qui sont pour les yeux une ivresse;
Des femmes dont les dents et les ongles sont teints
Et des jongleurs savants que le serpent caresse."

V

Et puis, et puis encore?

VI

"O cerveaux enfantins!
Pour ne pas oublier la chose capitale,
Nous avons vu partout, et sans l'avoir cherché,
Du haut jusques en bas de l'échelle fatale,
Le spectacle ennuyeux de l'immortel péché:

La femme, esclave vile, orgueilleuse et stupide,
Sans rire s'adorant et s'aimant sans dégoût:
L'homme, tyran goulu, paillard, dur et cupide,
Esclave de l'esclave et ruisseau dans l'égout;

Le bourreau qui jouit, le martyr qui sanglote;
La fête qu'assaisonne et parfume le sang;
Le poison du pouvoir énervant le despote,
Et le peuple amoureux du fouet abrutissant;

Plusieurs religions semblables à la nôtre,
Toutes escaladant le ciel; la Sainteté,
Comme en un lit de plume un délicat se vautre,
Dans les clous et le crin cherchant la volupté;

L'Humanité bavarde, ivre de son génie,
Et, folle maintenant comme elle était jadis,
Criant à Dieu, dans sa furibonde agonie:
"O mon semblable, ô mon maître, je te maudis!"

Et les moins sots, hardis amants de la Démence,
Fuyant le grand troupeau parqué par le Destin,
Et se réfugiant dans l'opium immense!
--Tel est du globe entier l'éternel bulletin."

VII

Amer savoir, celui qu'on tire du voyage!
Le monde, monotone et petit, aujourd'hui,
Hier, demain, toujours, nous fait voir notre image;
Une oasis d'horreur dans un désert d'ennui!

Faut-il partir? rester? Si tu peux rester, reste;
Pars, s'il le faut. L'un court, et l'autre se tapit
Pour tromper l'ennemi vigilant et funeste,
Le Temps! Il est, hélas! des coureurs sans répit,

Comme le Juif errant et comme les apôtres,
A qui rien ne suffit, ni wagon ni vaisseau,
Pour fuir ce rétiaire infâme; il en est d'autres
Qui savent le tuer sans quitter leur berceau.

Lorsque enfin il mettra le pied sur notre échine,
Nous pourrons espérer et crier: En avant!
De même qu'autrefois nous partions pour la Chine,
Les yeux fixés an large et les cheveux au vent,

Nous nous embarquerons sur la mer des Ténèbres
Avec le cœur joyeux d'un jeune passager.
Entendez-vous ces voix, charmantes et funèbres,
Qui chantent: "Par ici! vous qui voulez manger

Le Lotus parfumé! c'est ici qu'on vendange
Les fruits miraculeux dont votre cœur a faim;
Venez vous enivrer de la couleur étrange
De cette après-midi qui n'a jamais de fin?"

A l'accent familier nous devinons le spectre;
Nos Pylades là-bas tendent leurs bras vers nous.
"Pour rafraîchir ton cœur nage vers ton Electre!"
Dit celle dont jadis nous baisions les genoux.

VIII

O Mort, vieux capitaine, il est temps! levons l'ancre!
Ce pays nous ennuie, ô Mort! Appareillons!
Si le ciel et la mer sont noirs comme de l'encre,
Nos cœurs que tu connais sont remplis de rayons!

Verse-nous ton poison pour qu'il nous réconforte!
Nous voulons, tant ce feu nous brûle le cerveau,
Plonger au fond du gouffre, Enfer ou Ciel, qu'importe?
Au fond de l'Inconnu pour trouver du *nouveau!*

166

PIÉCES CONDAMNÉES

LES BIJOUX

La très chère était nue, et, connaissant mon cœur,
Elle n'avait gardé que ses bijoux sonores,
Dont le riche attirail lui donnait l'air vainqueur
Qu'ont dans leurs jours heureux les esclaves des Maures

Quand il jette en dansant son bruit vif et moqueur,
Ce monde rayonnant de métal et de pierre
Me ravit en extase, et j'aime avec fureur
Les choses où le son se mêle à la lumière.

Elle était donc couchée, et se laissait aimer,
Et du haut du divan elle souriait d'aise
A mon amour profond et doux comme la mer
Qui vers elle montait comme vers sa falaise.

Les yeux fixés sur moi, comme un tigre dompté,
D'un air vague et rêveur elle essayait des poses,
Et la candeur unie à la lubricité
Donnait un charme neuf à ses métamorphoses.

Et son bras et sa jambe, et sa cuisse et ses reins,
Polis comme de l'huile, onduleux comme un cygne,
Passaient devant mes yeux clairvoyants et sereins;
Et son ventre et ses seins, ces grappes de ma vigne

S'avançaient plus câlins que les anges du mal,
Pour troubler le repos où mon âme était mise,
Et pour la déranger du rocher de cristal,
Où calme et solitaire elle s'était assise.

Je croyais voir unis par un nouveau dessin
Les hanches de l'Antiope au buste d'un imberbe,
Tant sa taille faisait ressortir son bassin.
Sur ce teint fauve et brun le fard était superbe!

--Et la lampe s'étant résignée à mourir,
Comme le foyer seul illuminait la chambre,
Chaque fois qu'il poussait un flamboyant soupir,
Il inondait de sang cette peau couleur d'ambre!

LE LETHE

Viens sur mon cœur, âme cruelle et sourde,
Tigre adoré, monstre aux airs indolents;
Je veux longtemps plonger mes doigts tremblants
Dans l'épaisseur de ta crinière lourde;

Dans tes jupons remplis de ton parfum
Ensevelir ma tête endolorie,
Et respirer, comme une fleur flétrie,
Le doux relent de mon amour défunt.

Je veux dormir! dormir plutôt que vivre!
Dans un sommeil, douteux comme la mort,
J'étalerai mes baisers sans remord
Sur ton beau corps poli comme le cuivre.

Pour engloutir mes sanglots apaisés
Rien ne me vaut l'abîme de ta couche;
L'oubli puissant habite sur ta bouche,
Et le Léthé coule dans tes baisers.

A mon destin, désormais mon délice,
J'obéirai comme un prédestiné;
Martyr docile, innocent condamné,
Dont la ferveur attise le supplice,

Je sucerai, pour noyer ma rancœur,
Le népenthès et la bonne ciguë
Aux bouts charmants de cette gorge aiguë
Qui n'a jamais emprisonné de cœur.

A CELLE QUI EST TROP GAIE

Ta tête, ton geste, ton air
Sont beaux comme un beau paysage;
Le rire joue en ton visage
Comme un vent frais dans un ciel clair.

Le passant chagrin que tu frôles
Est ébloui par la santé
Qui jaillit comme une clarté
De tes bras et de tes épaules.

Les retentissantes couleurs
Dont tu parsèmes tes toilettes
Jettent dans l'esprit des poètes
L'image d'un ballet de fleurs.

Ces robes folles sont l'emblème
De ton esprit bariolé;
Folle dont je suis affolé,
Je te hais autant que je t'aime!

Quelquefois dans un beau jardin,
Où je traînais mon atonie,
J'ai senti comme une ironie
Le soleil déchirer mon sein;

Et le printemps et la verdure
Ont tant humilié mon cœur
Que j'ai puni sur une fleur
L'insolence de la nature.

Ainsi, je voudrais, une nuit,
Quand l'heure des voluptés sonne,
Vers les trésors de ta personne
Comme un lâche ramper sans bruit,

Pour châtier ta chair joyeuse,
Pour meurtrir ton sein pardonné,
Et faire à ton flanc étonné
Une blessure large et creuse,

Et, vertigineuse douceur!
A travers ces lèvres nouvelles,
Plus éclatantes et plus belles,
T'infuser mon venin, ma soeur!

LESBOS

Mère des jeux latins et des voluptés grecques,
Lesbos, où les baisers languissants ou joyeux,
Chauds comme les soleils, frais comme les pastèques,
Font l'ornement des nuits et des jours glorieux,
--Mère des jeux latins et des voluptés grecques,

Lesbos, où les baisers sont comme les cascades
Qui se jettent sans peur dans les gouffres sans fonds
Et courent, sanglotant et gloussant par saccades,
--Orageux et secrets, fourmillants et profonds;
Lesbos, où les baisers sont comme les cascades!

Lesbos où les Phrynés l'une l'autre s'attirent,
Où jamais un soupir ne resta sans écho,
A l'égal de Paphos les étoiles t'admirent,
Et Vénus à bon droit peut jalouser Sapho!
--Lesbos où les Phrynés l'une l'autre s'attirent.

Lesbos, terre des nuits chaudes et langoureuses,
Qui font qu'à leurs miroirs, stérile volupté,
Les filles aux yeux creux, de leurs corps amoureuses,
Caressent les fruits mûrs de leur nubilité,
Lesbos, terre des nuits chaudes et langoureuses,

Laisse du vieux Platon se froncer l'œil austère;
Tu tires ton pardon de l'excès des baisers,
Reine du doux empire, aimable et noble terre,
Et des raffinements toujours inépuisés.
Laisse du vieux Platon se froncer l'œil austère.

Tu tires ton pardon de l'éternel martyre
Infligé sans relâche aux cœurs ambitieux
Qu'attiré loin de nous le radieux sourire
Entrevue vaguement au bord des autres cieux;
Tu tires ton pardon de l'éternel martyre!

Qui des Dieux osera, Lesbos, être ton juge,
Et condamner ton front pâli dans les travaux,
Si ses balances d'or n'ont pesé le déluge
De larmes qu'à la mer ont versé tes ruisseaux?
Qui des Dieux osera, Lesbos, être ton juge?

Que nous veulent les lois du juste et de l'injuste?
Vierges au cœur sublime, honneur de l'archipel,
Votre religion comme une autre est auguste,
Et l'amour se rira de l'enfer et du ciel!
--Que nous veulent les lois du juste et de l'injuste?

Car Lesbos entre tous m'a choisi sur la terre
Pour chanter le secret de ses vierges en fleur,
Et je fus dès l'enfance admis au noir mystère
Des rires effrénés mêlés au sombre pleur;,
Car Lesbos entre tous m'a choisi sur la terre,

Et depuis lors je veille au sommet de Leucate,
Comme une sentinelle, à l'œil perçant et sûr,
Qui guette nuit et jour brick, tartane ou frégate,
Dont les formes au loin frissonnent dans l'azur,
--Et depuis lors je veille au sommet de Leucate

Pour savoir si la mer est indulgente et bonne,
Et parmi les sanglots dont le roc retentit
Un soir ramènera vers Lesbos qui pardonne
Le cadavre adoré de Sapho qui partit
Pour savoir si la mer est indulgente et bonne!

De la mâle Sapho, l'amante et le poète,
Plus belle que Vénus par ses mornes pâleurs!
--L'œil d'azur est vaincu par l'œil noir que tachette
Le cercle ténébreux tracé par les douleurs
De la mâle Sapho, l'amante et le poète!

--Plus belle que Vénus se dressant sur le monde
Et versant les trésors de sa sérénité
Et le rayonnement de sa jeunesse blonde
Sur le vieil Océan de sa fille enchanté;
Plus belle que Vénus se dressant sur le monde!

--De Sapho qui mourut le jour de son blasphème,
Quand, insultant le rite et le culte inventé,
Elle fit son beau corps la pâture suprême
D'un brutal dont l'orgueil punit l'impiété
De Sapho qui mourut le jour de son blasphème.

Et c'est depuis ce temps que Lesbos se lamente,
Et, malgré les honneurs que lui rend l'univers,
S'enivre chaque nuit du cri de la tourmente
Que poussent vers les deux ses rivages déserts.
Et c'est depuis ce temps que Lesbos se lamente!

FEMMES DAMNEES

A la pâle clarté des lampes languissantes,
Sur de profonds coussins tout imprégnés d'odeur,
Hippolyte rêvait aux caresses puissantes
Qui levaient le rideau de sa jeune candeur.

Elle cherchait d'un œil troublé par la tempête
De sa naïveté le ciel déjà lointain,
Ainsi qu'un voyageur qui retourne la tête
Vers les horizons bleus dépassés le matin.

De ses yeux amortis les paresseuses larmes,
L'air brisé, la stupeur, la morne volupté,
Ses bras vaincus, jetés comme de vaines armes,
Tout servait, tout parait sa fragile beauté.

Etendue à ses pieds, calme et pleine de joie,
Delphine la couvait avec des yeux ardents,
Comme un animal fort qui surveille une proie,
Après l'avoir d'abord marquée avec les dents.

Beauté forte à genoux devant la beauté frêle,
Superbe, elle humait voluptueusement
Le vin de son triomphe, et s'allongeait vers elle
Comme pour recueillir un doux remercîment.

Elle cherchait dans l'œil de sa pâle victime
Le cantique muet que chante le plaisir
Et cette gratitude infinie et sublime
Qui sort de la paupière ainsi qu'un long soupir:

--"Hippolyte, cher cœur, que dis-tu de ces choses?
Comprends-tu maintenant qu'il ne faut pas offrir
L'holocauste sacré de tes premières roses
Aux souffles violents qui pourraient les flétrir?

177

Mes baisers sont légers comme ces éphémères
Qui caressent le soir les grands lacs transparents,
Et ceux de ton amant creuseront leurs ornières
Comme des chariots ou des socs déchirants;

Ils passeront sur toi comme un lourd attelage
De chevaux et de boeufs aux sabots sans pitié...
Hippolyte, ô ma soeur! tourne donc ton visage,
Toi, mon âme et mon cœur, mon tout et ma moitié,

Tourne vers moi tes yeux pleins d'azur et d'étoiles!
Pour un de ces regards charmants, baume divin,
Des plaisirs plus obscurs je lèverai les voiles,
Et je t'endormirai dans un rêve sans fin!"

Mais Hippolyte alors, levant sa jeune tête:
--"Je ne suis point ingrate et ne me repens pas,
Ma Delphine, je souffre et je suis inquiète,
Comme après un nocturne et terrible repas.

Je sens fondre sur moi de lourdes épouvantes
Et de noirs bataillons de fantômes épars,
Qui veulent me conduire en des routes mouvantes
Qu'un horizon sanglant ferme de toutes parts.

Avons-nous donc commis une action étrange?
Expliques, si tu peux, mon trouble et mon effroi:
Je frissonne de peur quand tu me dis: mon ange!
Et cependant je sens ma bouche aller vers toi.

Ne me regarde pas ainsi, toi, ma pensée,
Toi que j'aime à jamais, ma soeur d'élection,
Quand même tu serais une embûche dressée,
Et le commencement de ma perdition!"

Delphine secouant sa crinière tragique,
Et comme trépignant sur le trépied de fer,
L'œil fatal, répondit d'une voix despotique:
--"Qui donc devant l'amour ose parler d'enfer?

Maudit soit à jamais le rêveur inutile,
Qui voulut le premier dans sa stupidité,
S'éprenant d'un problème insoluble et stérile,
Aux choses de l'amour mêler l'honnêteté!

Celui qui veut unir dans un accord mystique
L'ombre avec la chaleur, la nuit avec le jour,
Ne chauffera jamais son corps paralytique
A ce rouge soleil que l'on nomme l'amour!

Va, si tu veux, chercher un fiancé stupide;
Cours offrir un cœur vierge à ses cruels baisers;
Et, pleine de remords et d'horreur, et livide,
Tu me rapporteras tes seins stigmatisés;

On ne peut ici-bas contenter qu'un seul maître!"
Mais l'enfant, épanchant une immense douleur,
Cria soudain: "Je sens s'élargir dans mon être
Un abîme béant; cet abîme est mon cœur,

Brûlant comme un volcan, profond comme le vide;
Rien ne ressasiera ce monstre gémissant
Et ne refraîchira la choif de l'Euménide,
Qui, la torche à la main, le brûle jusqu'au sang.

Que nos rideaux fermés nous séparent du monde,
Et que la lassitude amène le repos!
Je veux m'anéantir dans ta gorge profonde,
Et trouver sur ton sein la fraîcheur des tombeaux."

Descendez, descendez, lamentables victimes,
Descendez le chemin de l'enfer éternel;
Plongez au plus profond du gouffre où tous les crimes,
Flagellés par un vent qui ne vient pas du ciel,

Bouillonnent pêle-mêle avec un bruit d'orage;
Ombres folles, courez au but de vos désirs;
Jamais vous ne pourrez assouvir votre rage,
Et votre châtiment naîtra de vos plaisirs.

Jamais un rayon frais n'éclaira vos cavernes;
Par les fentes des murs des miasmes fiévreux
Filent en s'enflammant ainsi que des lanternes
Et pénètrent vos corps de leurs parfums affreux.

L'âpre stérilité de votre jouissance
Altère votre soif et roidit votre peau,
Et le vent furibond de la concupiscence
Fait claquer votre chair ainsi qu'un vieux drapeau.

Loin des peuples vivants, errantes, condamnées,
A travers les déserts courez comme les loups;
Faites votre destin, âmes désordonnées,
Et fuyez l'infini que vous portez en vous!

LES METAMORPHOSES DU VAMPIRE

La femme cependant de sa bouche de fraise,
En se tordant ainsi qu'un serpent sur la braise,
Et pétrissant ses seins sur le fer de son busc,
Laissait couler ces mots tout imprégnés de musc:
--"Moi, j'ai la lèvre humide, et je sais la science
De perdre au fond d'un lit l'antique conscience.
Je sèche tous les pleurs sur mes seins triomphants
Et fais rire les vieux du rire des enfants.
Je remplace, pour qui me voit nue et sans voiles,
La lune, le soleil, le ciel et les étoiles!
Je suis, mon cher savant, si docte aux voluptés,
Lorsque j'étouffe un homme en mes bras veloutés,
Ou lorsque j'abandonne aux morsures mon buste,
Timide et libertine, et fragile et robuste,
Que sur ces matelas qui se pâme d'émoi
Les Anges impuissants se damneraient pour moi!"

Quand elle eut de mes os sucé toute la moelle,
Et que languissamment je me tournai vers elle
Pour lui rendre un baiser d'amour, je ne vis plus
Qu'une outre aux flancs gluants, toute pleine de pus!
Je fermai les deux yeux dans ma froide épouvante,
Et, quand je les rouvris à la clarté vivante,
A mes côtés, au lieu du mannequin puissant
Qui semblait avoir fait provision de sang,
Tremblaient confusément des débris de squelette,
Qui d'eux-mêmes rendaient le cri d'une girouette
Ou d'une enseigne, au bout d'une tringle de fer,
Que balance le vent pendant les nuits d'hiver.

THE FLOWERS
OF EVIL

TRANSLATED INTO ENGLISH VERSE

BY

CYRIL SCOTT

DEDICATED TO ARTHUR SYMONS

SPLEEN AND IDEAL

BENEDICTION

When by the changeless Power of a Supreme Decree
The poet issues forth upon this sorry sphere,
His mother, horrified, and full of blasphemy,
Uplifts her voice to God, who takes compassion on her.

"Ah, why did I not bear a serpent's nest entire,
Instead of bringing forth this hideous Child of Doom!
Oh cursèd be that transient night of vain desire
When I conceived my expiation in my womb!"

"Yet since among all women thou hast chosen me
To be the degradation of my jaded mate,
And since I cannot like a love-leaf wantonly
Consign this stunted monster to the glowing grate,"

"I'll cause thine overwhelming hatred to rebound
Upon the cursèd tool of thy most wicked spite.
Forsooth, the branches of this wretched tree I'll wound
And rob its pestilential blossoms of their might!"

So thus, she giveth vent unto her foaming ire,
And knowing not the changeless statutes of all times,
Herself, amid the flames of hell, prepares the pyre;
The consecrated penance of maternal crimes.

Yet 'neath th' invisible shelter of an Angel's wing
This sunlight-loving infant disinherited,
Exhales from all he eats and drinks, and everything
The ever sweet ambrosia and the nectar red.

He trifles with the winds and with the clouds that glide,
About the way unto the Cross, he loves to sing,
The spirit on his pilgrimage; that faithful guide,
Oft weeps to see him joyful like a bird of Spring.

All those that he would cherish shrink from him with fear,
And some that waxen bold by his tranquility,
Endeavour hard some grievance from his heart to tear,
And make on him the trial of their ferocity.

Within the bread and wine outspread for his repast
To mingle dust and dirty spittle they essay,
And everything he touches, forth they slyly cast,
Or scourge themselves, if e'er their feet betrod his way.

His wife goes round proclaiming in the crowded quads—
"Since he can find my body beauteous to behold,
Why not perform the office of those ancient gods
And like unto them, redeck myself with shining gold?"

"I'll bathe myself with incense, spikenard and myrrh,
With genuflexions, delicate viandes and wine,
To see, in jest, if from a heart, that loves me dear,
I cannot filch away the hommages divine."

"And when of these impious jokes at length I tire,
My frail but mighty hands, around his breast entwined,
With nails, like harpies' nails, shall cunningly conspire
The hidden path unto his feeble heart to find."

"And like a youngling bird that trembles in its nest,
I'll pluck his heart right out; within its own blood drowned,
And finally to satiate my favourite beast,
I'll throw it with intense disdain upon the ground!"

Towards the Heavens where he sees the sacred grail
The poet calmly stretches forth his pious arms,
Whereon the lightenings from his lucid spirit veil
The sight of the infuriated mob that swarms.

"Oh blest be thou, Almighty who bestowest pain,
Like some divine redress for our infirmities,
And like the most refreshing and the purest rain,
To sanctify the strong, for saintly ecstasies."

"I know that for the poet thou wilt grant a chair,
Among the Sainted Legion and the Blissful ones,
That of the endless feast thou wilt accord his share
To him, of Virtues, Dominations and of Thrones."

"I know, that Sorrow is that nobleness alone,
Which never may corrupted be by hell nor curse,
I know, in order to enwreathe my mystic crown
I must inspire the ages and the universe."

"And yet the buried jewels of Palmyra old,
The undiscovered metals and the pearly sea
Of gems, that unto me you show could never hold
Beside this diadem of blinding brilliancy."

"For it shall be engendered from the purest fire
Of rays primeval, from the holy hearth amassed,
Of which the eyes of Mortals, in their sheen entire,
Are but the tarnished mirrors, sad and overcast!"

ECHOES

In Nature's temple, living columns rise,
Which oftentimes give tongue to words subdued,
And Man traverses this symbolic wood,
Which looks at him with half familiar eyes,

Like lingering echoes, which afar confound
Themselves in deep and sombre unity,
As vast as Night, and like transplendency,
The scents and colours to each other respond.

And scents there are, like infant's flesh as chaste,
As sweet as oboes, and as meadows fair,
And others, proud, corrupted, rich and vast,

Which have the expansion of infinity,
Like amber, musk and frankincense and myrrh,
That sing the soul's and senses' ecstasy.

THE SICK MUSE

Alas—my poor Muse—what aileth thee now?
Thine eyes are bedimmed with the visions of Night,
And silent and cold—I perceive on thy brow
In their turns—Despair and Madness alight.

A succubus green, or a hobgoblin red,
Has it poured o'er thee Horror and Love from its urn?
Or the Nightmare with masterful bearing hath led
Thee to drown in the depths of some magic Minturne?

I wish, as the health-giving fragrance I cull,
That thy breast with strong thoughts could for ever be full,
And that rhymthmic'ly flowing—thy Christian blood

Could resemble the olden-time metrical-flood,
Where each in his turn reigned the father of Rhymes
Phoebus—and Pan, lord of Harvest-times.

THE VENAL MUSE

Oh Muse of my heart—so fond of palaces old,
Wilt have—when New Year speeds its wintry blast,
Amid those tedious nights, with snow o'ercast,
A log to warm thy feet, benumbed with cold?

Wilt thou thy marbled shoulders then revive
With nightly rays that through thy shutters peep?
And—void thy purse and void thy palace—reap
A golden hoard within some azure hive?

Thou must, to earn thy daily bread, each night,
Suspend the censer like an acolyte,
Te-Deums sing, with sanctimonious ease,

Or as a famished mountebank, with jokes obscene
Essay to lull the vulgar rabble's spleen;
Thy laughter soaked in tears which no one sees.

THE EVIL MONK

The cloisters old, expounded on their walls
With paintings, the Beatic Verity,
The which—adorning their religious halls,
Enriched the frigidness of their Austerity.

In days when Christian seeds bloomed o'er the land,
Full many a noble monk unknown to-day,
Upon the field of tombs would take his stand,
Exalting Death in rude and simple way.

My soul is a tomb where—bad monk that I be—
I dwell and search its depths from all eternity,
And nought bedecks the walls of the odious spot.

Oh sluggard monk! when shall I glean aright
From the living spectacle of my bitter lot,
To mold my handywork and mine eyes' Delight?

THE ENEMY

My childhood was nought but a ravaging storm,
Enlivened at times by a brilliant sun;
The rain and the winds wrought such havoc and harm
That of buds on my plot there remains hardly one.

Behold now the Fall of ideas I have reached,
And the shovel and rake one must therefore resume,
In collecting the turf, inundated and breached,
Where the waters dug trenches as deep as a tomb.

And yet these new blossoms, for which I craved,
Will they find in this earth—like a shore that is laved—
The mystical fuel which vigour imparts?

Oh misery!—Time devours our lives,
And the enemy black, which consumeth our hearts
On the blood of our bodies, increases and thrives!

ILL LUCK

This heavy burden to uplift,
O Sysiphus, thy pluck is required!
And even though the heart aspired,
Art is long and Time is swift.

Afar from sepulchres renowned,
To a graveyard, quite apart,
Like a broken drum, my heart,
Beats the funeral marches' sound.

Many a buried jewel sleeps
In the long-forgotten deeps,
Far from mattock and from sound;

Many a flower wafts aloft
Its perfumes, like a secret soft,
Within the solitudes, profound.

INTERIOR LIFE

A long while I dwelt beneath vast porticoes,
While the ocean-suns bathed with a thousand fires,
And which with their great and majestic spires,
At eventide looked like basaltic grottoes.

The billows, in rolling depictured the skies,
And mingled, in solemn and mystical strain,
The all-mighteous chords of their luscious refrain
With the sun-set's colours reflexed in mine eyes.

It is there that I lived in exalted calm,
In the midst of the azure, the splendour, the waves,
While pregnant with perfumes, naked slaves

Refreshed my forehead with branches of palm,
Whose gentle and only care was to know
The secret that caused me to languish so.

MAN AND THE SEA

Free man! the sea is to thee ever dear!
The sea is thy mirror, thou regardest thy soul
In its mighteous waves that unendingly roll,
And thy spirit is yet not a chasm less drear.

Thou delight'st to plunge deep in thine image down;
Thou tak'st it with eyes and with arms in embrace,
And at times thine own inward voice would'st efface
With the sound of its savage ungovernable moan.

You are both of you, sombre, secretive and deep:
Oh mortal, thy depths are foraye unexplored,
Oh sea—no one knoweth thy dazzling hoard,
You both are so jealous your secrets to keep!

And endless ages have wandered by,
Yet still without pity or mercy you fight,
So mighty in plunder and death your delight:
Oh wrestlers! so constant in enmity!

BEAUTY

I am lovely, O mortals, like a dream of stone,
And my bosom, where each one gets bruised in turn,
To inspire the love of a poet is prone,
Like matter eternally silent and stern.

As an unfathomed sphinx, enthroned by the Nile,
My heart a swan's whiteness with granite combines,
And I hate every movement, displacing the lines,
And never I weep and never I smile.

The poets in front of mine attitudes fine
(Which the proudest of monuments seem to implant),
To studies profound all their moments assign,

For I have all these docile swains to enchant—
Two mirrors, which Beauty in all things ignite:
Mine eyes, my large eyes, of eternal Light!

THE IDEAL

It could ne'er be those beauties of ivory vignettes;
The varied display of a worthless age,
Nor puppet-like figures with castonets,
That ever an heart like mine could engage.

I leave to Gavarni, that poet of chlorosis,
His hospital-beauties in troups that whirl,
For I cannot discover amid his pale roses
A flower to resemble my scarlet ideal.

Since, what for this fathomless heart I require
Is—Lady Macbeth you! in crime so dire;
—An Æschylus dream transposed from the South—

Or thee, oh great "Night" of Michael-Angelo born,
Who so calmly thy limbs in strange posture hath drawn,
Whose allurements are framed for a Titan's mouth.

THE GIANTESS

I should have loved—erewhile when Heaven conceived
Each day, some child abnormal and obscene,
Beside a maiden giantess to have lived,
Like a luxurious cat at the feet of a queen;

To see her body flowering with her soul,
And grow, unchained, in awe-inspiring art,
Within the mists across her eyes that stole
To divine the fires entombed within her heart.

And oft to scramble o'er her mighty limbs,
And climb the slopes of her enormous knees,
Or in summer when the scorching sunlight streams

Across the country, to recline at ease,
And slumber in the shadow of her breast
Like an hamlet 'neath the mountain-crest.

HYMN TO BEAUTY

O Beauty! dost thou generate from Heaven or from Hell?
Within thy glance, so diabolic and divine,
Confusedly both wickedness and goodness dwell,
And hence one might compare thee unto sparkling wine.

Thy look containeth both the dawn and sunset stars,
Thy perfumes, as upon a sultry night exhale,
Thy kiss a philter, and thy mouth a Grecian vase,
That renders heroes cowardly and infants hale.

Yea, art thou from the planets, or the fiery womb?
The demon follows in thy train, with magic fraught,
Thou scatter'st seeds haphazardly of joy and doom,
Thou govern'st everything, but answer'st unto nought.

O Loveliness! thou spurnest corpses with delight,
Among thy jewels, Horror hath such charms for thee,
And Murder 'mid thy mostly cherished trinklets bright,
Upon thy massive bosom dances amorously.

The blinded, fluttering moth towards the candle flies,
Then frizzles, falls, and falters—"Blessings unto thee"—
The panting swain that o'er his beauteous mistress sighs,
Seems like the Sick, that stroke their gravestones lovingly.

What matter, if thou comest from the Heavens or Hell,
O Beauty, frightful ghoul, ingenuous and obscure!
So long thine eyes, thy smile, to me the way can tell
Towards that Infinite I love, but never saw.

From God or Satan? Angel, Mermaid, Proserpine?
What matter if thou makest—blithe, voluptuous sprite—
With rhythms, perfumes, visions—O mine only queen!—
The universe less hideous and the hours less trite.

EXOTIC PERFUME

When, with closed eyes, on a hot afternoon,
The scent of thine ardent breast I inhale,
Celestial vistas my spirit assail;
Caressed by the flames of an endless sun.

A langorous island, where Nature abounds
With exotic trees and luscious fruit;
And with men whose bodies are slim and astute,
And with women whose frankness delights and astounds.

By thy perfume enticed to this region remote,
A port I see, laden with mast and with boat,
Still wearied and torn by the distant brine;

While the tamarisk-odours that dreamily throng
The air, round my slumberous senses intwine,
And mix, in my soul, with the mariners' song.

LA CHEVELURE

O fleece, that foams down unto the shoulders bare!
O curls, O scents which lovely languidness exhale!
Delight! to fill this alcove's sombre atmosphere
With memories, sleeping deep within this tress of hair,
I'll wave it in the evening breezes like a veil!

The shores of Africa, and Asia's burning skies,
A world forgotten, distant, nearly dead and spent,
Within thy depths, O aromatic forest! lies.
And like to spirits floating unto melodies,
Mine own, Belovèd! glides within thy sacred scent.

There I will hasten, where the trees and humankind
With languor lull beside the hot and silent sea;
Strong tresses bear me, be to me the waves and wind!
Within thy fragrance lies a dazzling dream confined
Of sails and masts and flames—O lake of ebony!

A loudly echoing harbour, where my soul may hold
To quaff, the silver cup of colours, scents and sounds,
Wherein the vessels glide upon a sea of gold,
And stretch their mighty arms, the glory to enfold
Of virgin skies, where never-ending heat abounds.

I'll plunge my brow, enamoured with voluptuousness
Within this darkling ocean of infinitude,
Until my subtle spirit, which thy waves caress,
Shall find you once again, O fertile weariness;
Unending lullabye of perfumed lassitude!

Ye tresses blue—recess of strange and sombre shades,
Ye make the azure of the starry Realm immense;
Upon the downy beeches, by your curls' cascades,
Among your mingling fragrances, my spirit wades
To cull the musk and cocoa-nut and lotus scents.

Long—foraye—my hand, within thy heavy mane,
Shall scatter rubies, pearls, sapphires eternally,
And thus my soul's desire for thee shall never wane;
For art not thou the oasis where I dream and drain
With draughts profound, the golden wine of memory?

SONNET XXVIII

With pearly robes that wave within the wind,
Even when she walks, she seems to dance,
Like swaying serpents round those wands entwined
Which fakirs ware in rhythmic elegance.

So like the desert's Blue, and the sands remote,
Both, deaf to mortal suffering and to strife,
Or like the sea-weeds 'neath the waves that float,
Indifferently she moulds her budding life.

Her polished eyes are made of minerals bright,
And in her mien, symbolical and cold,
Wherein an angel mingles with a sphinx of old,

Where all is gold, and steel, and gems, and light,
There shines, just like a useless star eternally,
The sterile woman's frigid majesty.

POSTHUMOUS REMORSE

Ah, when thou shalt slumber, my darkling love,
Beneath a black marble-made statuette,
And when thou'lt have nought for thy house or alcove,
But a cavernous den and a damp oubliette.

When the tomb-stone, oppressing thy timorous breast,
And thy hips drooping sweetly with listless decay,
The pulse and desires of mine heart shall arrest,
And thy feet from pursuing their adventurous way,

Then the grave, that dark friend of my limitless dreams
(For the grave ever readeth the poet aright),
Amid those long nights, which no slumber redeems

'Twill query—"What use to thee, incomplete spright
That thou ne'er hast unfathomed the tears of the dead"?—
Then the worms will gnaw deep at thy body, like Dread.

THE BALCONY

Oh, Mother of Memories! Mistress of Mistresses!
Oh, thou all my pleasures, oh, thou all my prayers!
Can'st thou remember those luscious caresses,
The charm of the hearth and the sweet evening airs?
Oh, Mother, of Memories, Mistress of Mistresses!

Those evenings illumed by the glow of the coal,
And those roseate nights with their vaporous wings,
How calm was thy breast and how good was thy soul,
'Twas then we uttered imperishable things,
Those evenings illumed by the glow of the coal.

How lovely the suns on those hot, autumn nights!
How vast were the heavens! and the heart how hale!
As I leaned towards you—oh, my Queen of Delights,
The scent of thy blood I seemed to inhale.
How lovely the sun on those hot, autumn nights!

The shadows of night-time grew dense like a pall,
And deep through the darkness thine eyes I divined,
And I drank of thy breath—oh sweetness, oh gall,
And thy feet in my brotherly hands reclined,
The shadows of Night-time grew dense like a pall.

I know how to call forth those moments so dear,
And to live my Past—laid on thy knees—once more,
For where should I seek for thy beauties but here
In thy langorous heart and thy body so pure?
I know how to call forth those moments so dear.

Those perfumes, those infinite kisses and sighs,
Are they born in some gulf to our plummets denied?
Like rejuvenate suns that mount up to the skies,
That first have been cleansed in the depths of the tide;
Oh, perfumes! oh, infinite kisses and sighs!

THE POSSESSED ONE

The sun is enveloped in crape! like it,
O Moon of my Life! wrap thyself up in shade;
At will, smoke or slumber, be silent, be staid,
And dive deep down in Dispassion's dark pit.

I cherish thee thus! But if 'tis thy mood,
Like a star that from out its penumbra appears,
To float in the regions where madness careers,
Fair dagger! burst forth from thy sheath! 'tis good.

Yea, light up thine eyes at the Fire of Renown!
Or kindle desire by the looks of some clown!
Thine All is my joy, whether dull or aflame!

Just be what thou wilt, black night, dawn divine,
There is not a nerve in my trembling frame
But cries, "I adore thee, Beelzebub mine!"

SEMPER EADEM

"From whence it comes, you ask, this gloom acute,
Like waves that o'er the rocky headland fall?"
—When once our hearts have gathered in their fruit,
To live is a curse! a secret known to all,

A grief, quite simple, nought mysterious,
And like your joy—for all, both loud and shrill,
Nay cease to clamour, be not e'er so curious!
And yet although your voice is sweet, be still!

Be still, O soul, with rapture ever rife!
O mouth, with the childish smile! Far more than Life,
The subtle bonds of Death around us twine.

Let—let my heart, the wine of falsehood drink,
And dream-like, deep within your fair eyes sink,
And in the shade of thy lashes long recline!

ALL ENTIRE

The Demon, in my lofty vault,
This morning came to visit me,
And striving me to find at fault,
He said, "Fain would I know of thee;

"Among the many beauteous things,
—All which *her* subtle grace proclaim—
Among the dark and rosy things,
Which go to make her charming frame,

"Which is the sweetest unto thee"?
My soul! to Him thou didst retort—
"Since all with her is destiny,
Of preference there can be nought.

When all transports me with delight,
If aught deludes I can not know,
She either lulls one like the Night,
Or dazzles like the Morning-glow.

That harmony is too divine,
Which governs all her body fair,
For powerless mortals to define
In notes the many concords there.

O mystic metamorphosis
Of all my senses blent in one!
Her voice a beauteous perfume is,
Her breath makes music, chaste and wan.

SONNET XLIII

What sayest thou, to-night, poor soul so drear,
What sayest—heart erewhile engulfed in gloom,
To the very lovely, very chaste, and very dear,
Whose god-like look hath made thee to re-bloom?

To her, with pride we chant an echoing Hymn,
For nought can touch the sweetness of her sway;
Her flesh ethereal as the seraphim,
Her eyes with robe of light our souls array.

And be it in the night, or solitude,
Among the streets or 'mid the multitude,
Her shadow, torch-like, dances in the air,

And murmurs, "I, the Beautiful proclaim—
That for my sake, alone ye love the Fair;
I am the Guardian Angel, Muse and Dame!"

THE LIVING TORCH

They stand before me now, those eyes that shine,
No doubt inspired by an Angel wise;
They stand, those God-like brothers that are mine,
And pour their diamond fires in mine eyes.

From all transgressions, from all snares, they save,
Towards the Path of Joy they guide my ways;
They are my servants, and I am their slave;
And all my soul, this living torch obeys.

Ye charming Eyes—ye have those mystic beams,
Of candles, burning in full day; the sun
Awakes, yet kills not their fantastic gleams:

Ye sing the Awak'ning, they the dark oblivion;
The Awak'ning of my spirit ye proclaim,
O stars—no sun can ever kill your flame!

THE SPIRITUAL DAWN

When the morning white and rosy breaks,
With the gnawing Ideal, upon the debauchee,
By the power of a strange decree,
Within the sotted beast an Angel wakes.

The mental Heaven's inaccessible blue,
For wearied mortals that still dream and mourn,
Expands and sinks; towards the chasm drawn.
Thus, cherished goddess, Being pure and true—

Upon the rests of foolish orgy-nights
Thine image, more sublime, more pink, more clear,
Before my staring eyes is ever there.

The sun has darkened all the candle lights;
And thus thy spectre like the immortal sun,
Is ever victorious—thou resplendent one!

EVENING HARMONY

The hour approacheth, when, as their stems incline,
The flowers evaporate like an incense urn,
And sounds and scents in the vesper breezes turn;
A melancholy waltz—and a drowsiness divine.

The flowers evaporate like an incense urn,
The viol vibrates like the wailing of souls that repine.
A melancholy waltz—and a drowsiness divine,
The skies like a mosque are beautiful and stern.

The viol vibrates like the wailing of souls that repine;
Sweet souls that shrink from chaos vast and etern,
The skies like a mosque are beautiful and stern,
The sunset drowns within its blood-red brine.

Sweet souls that shrink from chaos vast and etern,
Essay the wreaths of their faded Past to entwine,
The sunset drowns within its blood-red brine,
Thy thought within me glows like an incense urn.

OVERCAST SKY

Meseemeth thy glance, soft enshrouded with dew,
Thy mysterious eyes (are they grey, green or blue?),
Alternately cruel, and tender, and shy,
Reflect both the languor and calm of the sky.

Thou recall est those white days—with shadows caressed,
Engendering tears from th' enraptured breast,
When racked by an anguish unfathomed that weeps,
The nerves, too awake, jibe the spirit that sleeps.

At times—thou art like those horizons divine,
Where the suns of the nebulous seasons decline;
How resplendent art thou—O pasturage vast,
Illumed by the beams of a sky overcast!

O! dangerous dame—oh seductive clime!
As well, will I love both thy snow and thy rime,
And shall I know how from the frosts to entice
Delights that are keener than iron and ice?

INVITATION TO A JOURNEY

My sister, my dear
  Consider how fair,
Together to live it would be!
  Down yonder to fly
  To love, till we die,
In the land which resembles thee.
  Those suns that rise
  'Neath erratic skies,
—No charm could be like unto theirs—
  So strange and divine,
  Like those eyes of thine
Which glow in the midst of their tears.

There, all is order and loveliness,
Luxury, calm and voluptuousness.

  The tables and chairs,
  Polished bright by the years,
Would decorate sweetly our rooms,
  And the rarest of flowers
  Would twine round our bowers
And mingle their amber perfumes:
  The ceilings arrayed,
  And the mirrors inlaid,
This Eastern splendour among,
  Would furtively steal
  O'er our souls, and appeal
With its tranquillous native tongue.

There, all is order and loveliness,
Luxury, calm and voluptuousness.

In the harbours, peep,
    At the vessels asleep
(Their humour is always to roam),
    Yet it is but to grant
    Thy smallest want
From the ends of the earth that they come,
    The sunsets beam
    Upon meadow and stream,
And upon the city entire
    'Neath a violet crest,
    The world sinks to rest,
Illumed by a golden fire.

There, all is order and loveliness,
Luxury, calm and voluptuousness.

"CAUSERIE"

You are a roseate autumn-sky, that glows!
Yet sadness rises in me like the flood,
And leaves in ebbing on my lips morose,
The poignant memory of its bitter mind.

In vain your hands my swooning breast embrace,
Oh, friend! alone remains the plundered spot,
Where woman's biting grip has left its trace:
My heart, the beasts devoured--seek it not!

My heart is a palace pillaged by the herd;
They kill and take each other by the throat!
A perfume glides around your bosom bared--

O loveliness, thou scourge of souls--devote
Thine eyes of fire--luminous-like feasts,
To burn these rags--rejected by the beasts!

AUTUMN SONG

I

Shortly we will plunge within the frigid gloom,
Farewell swift summer brightness; all too short--
I hear already sounding with a death-like boom
The wood that falls upon the pavement of the court.

The whole of winter enters in my Being--pain,
Hate, honor, labour hard and forced--and dread,
And like the northern sun upon its polar plane
My heart will soon be but a stone, iced and red.

I listen trembling unto every log that falls,
The scaffold, which they build, has not a duller sound,
My spirits waver, like the trembling tower walls
that shake--with every echoing blow the builders pound.

Meeseemeth--as to these monotonous blows I sway,
They nail for one a coffin lid, or sound a knell--
For whom? Autumn now--and summer yesterday!
This strange mysterious noise betokens a farewell.

II

I love within your oblong eyes the verdant rays,
My sweet! but bitter everything to-day meseems:
And nought--your love, the boudoir, nor the flickering blaze,
Can replace the sun that o'er the screen streams.

And yet bemother and caress me, tender heart!
Even me the thankless and the worthless one;
Beloved or sister--unto me the sweets impart
Of a glorious autumn or a sinking sun.

Ephemeral task! the beckoning the beckoning empty tomb is set!
Oh grant me--as upon your knees my head I lay,
(Because the white and torrid summer I regret),
To taste the parted season's mild and amber ray.

SISINA

Imagine Diana in gorgeous array,
How into the forests and thickets she flies,
With her hair in the breezes, and flushed for the fray,
How the very best riders she proudly defies.

Have you seen Théroigne, of the blood-thirsty heart,
As an unshod herd to attack he bestirs,
With cheeks all inflamed, playing up to his part,
As he goes, sword in hand, up the royal stairs?

And so is Sisina—yet this warrior sweet,
Has a soul with compassion and kindness replete,
Inspired by drums and by powder, her sway

Knows how to concede to the supplicants' prayers,
And her bosom, laid waste by the flames, has alway,
For those that are worthy, a fountain of tears.

TO A CREOLEAN LADY

In a country perfumed with the sun's embrace,
I knew 'neath a dais of purpled palms,
And branches where idleness weeps o'er one's face,
A Creolean lady of unknown charms.

Her tint, pale and warm—this bewitching bride,
Displays a nobly nurtured mien,
Courageous and grand like a huntsman, her stride;
A tranquil smile and eyes serene.

If, madam, you'd go to the true land of gain,
By the banks of the verdant Loire or the Seine,
How worthy to garnish some pile of renown.

You'd awake in the calm of some shadowy nest,
A thousand songs in the poet's breast,
That your eyes would inspire far more than your brown.

MOESTA ET ERRABUNDA

Oh, Agatha, tell! does thy heart not at times fly away?
Far from the city impure and the lowering sea,
To another ocean that blinds with its dazzling array,
So blue and so clear and profound, like virginity?
Oh, Agatha, tell! does thy heart not at times fly away?

The sea, the vast ocean our travail and trouble consoles!
What demon hath gifted the sea with a voice from on high,
To sing us (attuned to an Æolus-organ that rolls
Forth a grumbling burden) a lenitive lullabye?
The sea, the vast ocean our travail and trouble consoles!

Oh, carry me, waggons, oh, sailing-ships, help me depart!
Far, far, here the dust is quite wet with our showering tears,
Oh, say! it is true that Agatha's desolate heart,
Proclaimeth, "Away from remorse, and from crimes, and from cares,"
Oh, carry me, waggons, oh, sailing ships, help me depart!

How distant you seem to be, perfumed Elysian fields!
Wherein there is nothing but sunshine and love and glee;
Where all that one loves is so worthy, and lovingly yields,
And our hearts float about in the purest of ecstasy,
How distant you seem to be, perfumed Elysian fields!

But the green paradise of those transient infantile loves,
The strolls, and the songs, and the kisses, and bunches of flowers,
The viols vibrating beyond, in the mountainous groves,
With the chalice of wine and the evening, entwined, in the bowers,
But the green paradise of those transient infantile loves.

That innocent heaven o'erflowing with furtive delight,
Than China or India, is it still further away?
Or, could one with pityful prayers bring it back to our sight?
Or yet with a silvery voice o'er the ages convey
That innocent heaven o'erflowing with furtive delight!

223

THE GHOST

Just like an angel with evil eye,
I shall return to thee silently,
Upon thy bower I'll alight,
With falling shadows of the night.

With thee, my brownie, I'll commune,
And give thee kisses cold as the moon,
And with a serpent's moist embrace,
I'll crawl around thy resting-place.

And when the livid morning falls,
Thou'lt find alone the empty walls,
And till the evening, cold 'twill be.

As others with their tenderness,
Upon thy life and youthfulness,
I'll reign alone with dread o'er thee.

AUTUMN SONG

They ask me—thy crystalline eyes, so acute,
"Odd lover—why am I to thee so dear?"
—Be sweet and keep silent, my heart, which is sear,
For all save the rude and untutored brute,

Is loth its infernal depths to reveal,
And its dissolute motto engraven with fire,
Oh charmer! whose arms endless slumber inspire!
I abominate passion and wit makes me ill.

So let us love gently. Within his retreat,
Foreboding, Love seeks for his arrows a prey,
I know all the arms of his battle array.

Delirium and loathing—O pale Marguerite!
Like me, art thou not an autumnal ray,
Alas my so white, my so cold Marguerite!

SADNESS OF THE MOON-GODDESS

To-night the Moon dreams with increased weariness,
Like a beauty stretched forth on a downy heap
Of rugs, while her languorous fingers caress
The contour of her breasts, before falling to sleep.

On the satin back of the avalanche soft,
She falls into lingering swoons, as she dies,
While she lifteth her eyes to white visions aloft,
Which like efflorescence float up to the skies.

When at times, in her languor, down on to this sphere,
She slyly lets trickle a furtive tear,
A poet, desiring slumber to shun,

Takes up this pale tear in the palm of his hand
(The colours of which like an opal blend),
And buries it far from the eyes of the sun.

CATS

All ardent lovers and all sages prize,
—As ripening years incline upon their brows—
The mild and mighty cats—pride of the house—
That like unto them are indolent, stern and wise.

The friends of Learning and of Ecstasy,
They search for silence and the horrors of gloom;
The devil had used them for his steeds of Doom,
Could he alone have bent their pride to slavery.

When musing, they display those outlines chaste,
Of the great sphinxes—stretched o'er the sandy waste,
That seem to slumber deep in a dream without end:

From out their loins a fountainous furnace flies,
And grains of sparkling gold, as fine as sand,
Bestar the mystic pupils of their eyes.

OWLS

Beneath the shades of sombre yews,
The silent owls sit ranged in rows,
Like ancient idols, strangely pose,
And darting fiery eyes, they muse.

Immovable, they sit and gaze,
Until the melancholy hour,
At which the darknesses devour
The faded sunset's slanting rays.

Their attitude, instructs the wise,
That he—within this world—who flies
From tumult and from merriment;

The man allured by a passing face,
For ever bears the chastisement
Of having wished to change his place.

MUSIC

Oft Music possesses me like the seas!
    To my planet pale,
'Neath a ceiling of mist, in the lofty breeze,
    I set my sail.

With inflated lungs and expanded chest,
    Like to a sail,
On the backs of the heaped-up billows I rest—
    Which the shadows veil—

I feel all the anguish within me arise
    Of a ship in distress;
The tempest, the rain, 'neath the lowering skies,

    My body caress;
At times, the calm pool or the mirror clear
    Of my despair!

THE JOYOUS DEFUNCT

Where snails abound—in a juicy soil,
I will dig for myself a fathomless grave,
Where at leisure mine ancient bones I can coil,
And sleep—quite forgotten—like a shark 'neath the wave.

I hate every tomb—I abominate wills,
And rather than tears from the world to implore,
I would ask of the crows with their vampire bills
To devour every bit of my carcass impure.

Oh worms, without eyes, without ears, black friends!
To you a defunct-one, rejoicing, descends,
Enlivened Philosophers—offspring of Dung!

Without any qualms, o'er my wreckage spread,
And tell if some torment there still can be wrung
For this soul-less old frame that is dead 'midst the dead!

THE BROKEN BELL

How sweet and bitter, on a winter night,
Beside the palpitating fire to list,
As, slowly, distant memories alight,
To sounds of chimes that sing across the mist.

Oh, happy is that bell with hearty throat,
Which neither age nor time can e'er defeat,
Which faithfully uplifts its pious note,
Like an agèd soldier on his beat.

For me, my soul is cracked, and 'mid her cares,
Would often fill with her songs the midnight airs
And oft it chances that her feeble moan

Is like the wounded warrior's fainting groan,
Who by a lake of blood, 'neath bodies slain,
In anguish falls, and never moves again.

SPLEEN

The rainy moon of all the world is weary,
And from its urn a gloomy cold pours down,
Upon the pallid inmates of the mortuary,
And on the neighbouring outskirts of the town.

My wasted cat, in searching for a litter,
Bestirs its mangy paws from post to post;
(A poet's soul that wanders in the gutter,
With the jaded voice of a shiv'ring ghost).

The smoking pine-log, while the drone laments,
Accompanies the wheezy pendulum,
The while amidst a haze of dirty scents,

—Those fatal remnants of a sick man's room—
The gallant knave of hearts and queen of spades
Relate their ancient amorous escapades.

OBSESSION

Great forests, you alarm me like a mighty fane;
Like organ-tones you roar, and in our hearts of stone,
Where ancient sobs vibrate, O halls of endless pain!
The answering echoes of your "De Profundis" moan.

I hate thee, Ocean! hate thy tumults and thy throbs,
My spirit finds them in himself. This bitter glee
Of vanquished mortals, full of insults and of sobs,
I hear it in the mighteous laughter of the sea.

O starless night! thy loveliness my soul inhales,
Without those starry rays which speak a language known,
For I desire the dark, the naked and the lone.

But e'en those darknesses themselves to me are veils,
Where live—and, by the millions 'neath my eyelids prance,
Long, long departed Beings with familiar glance.

MAGNETIC HORROR

"Beneath this sky, so livid and strange,
Tormented like thy destiny,
What thoughts within thy spirit range
Themselves?—O libertine reply."

—With vain desires, for ever torn
Towards the uncertain, and the vast,
And yet, like Ovid—I'll not mourn—
Who from his Roman Heaven was cast.

O heavens, turbulent as the streams,
In you I mirror forth my pride!
Your clouds, which clad in mourning, glide,

Are the hearses of my dreams,
And in your illusion lies the hell,
Wherein my heart delights to dwell.

THE LID

Where'er he may rove, upon sea or on land,
'Neath a fiery sky or a pallid sun,
Be he Christian or one of Cythera's band,
Opulent Croesus or beggar—'tis one,

Whether citizen, peasant or vagabond he,
Be his little brain active or dull. Everywhere,
Man feels the terror of mystery,
And looks upon high with a glance full of fear.

The Heaven above, that oppressive wall;
A ceiling lit up in some lewd music hall,
Where the actors step forth on a blood-red soil;

The eremite's hope, and the dread of the sot,
The Sky; that black lid of a mighty pot,
Where, vast and minute, human Races boil.

BERTHA'S EYES

The loveliest eyes you can scorn with your wondrous glow:
O! beautiful childish eyes there abounds in your light,
A something unspeakably tender and good as the night:
O! eyes! over me your enchanting darkness let flow.

Large eyes of my child! O Arcana profoundly adored!
Ye resemble so closely those caves in the magical creek;
Where within the deep slumbering shade of some petrified peak,
There shines, undiscovered, the gems of a dazzling hoard.

My child has got eyes so profound and so dark and so vast,
Like thee! oh unending Night, and thy mystical shine:
Their flames are those thoughts that with Love and with Faith combine,
And sparkle deep down in the depths so alluring or chaste.

THE SET OF THE ROMANTIC SUN

How beauteous the sun as it rises supreme,
Like an explosion that greets us from above,
Oh, happy is he that can hail with love,
Its decline, more glorious far, than a dream.

I saw flower, furrow, and brook.... I recall
How they swooned like a tremulous heart 'neath the sun,
Let us haste to the sky-line, 'tis late, let us run,
At least to catch one slanting ray ere it fall.

But the god, who eludes me, I chase all in vain,
The night, irresistible, plants its domain,
Black mists and vague shivers of death it forbodes;

While an odour of graves through the darkness spreads,
And on the swamp's margin, my timid foot treads
Upon slimy snails, and on unseen toads.

MEDITATION

Be wise, O my Woe, seek thy grievance to drown,
Thou didst call for the night, and behold it is here,
An atmosphere sombre, envelopes the town,
To some bringing peace and to others a care.

Whilst the manifold souls of the vile multitude,
'Neath the lash of enjoyment, that merciless sway,
Go plucking remorse from the menial brood,
From them far, O my grief, hold my hand, come this way.

Behold how they beckon, those years, long expired,
From Heaven, in faded apparel attired,
How Regret, smiling, foams on the waters like yeast;

Its arches of slumber the dying sun spreads,
And like a long winding-sheet dragged to the East,
Oh, hearken Beloved, how the Night softly treads!

TO A PASSER-BY

Around me thundered the deafening noise of the street,
In mourning apparel, portraying majestic distress,
With queenly fingers, just lifting the hem of her dress,
A stately woman passed by with hurrying feet.

Agile and noble, with limbs of perfect poise,
Ah, how I drank, thrilled through like a Being insane,
In her look, a dark sky, from whence springs forth the hurricane,
There lay but the sweetness that charms, and the joy that destroys.

A flash—then the night.... O loveliness fugitive!
Whose glance has so suddenly caused me again to live,
Shall I not see you again till this life is o'er!

Elsewhere, far away ... too late, perhaps never more,
For I know not whither you fly, nor you, where I go,
O soul that I would have loved, and *that* you know!

ILLUSIONARY LOVE

When I behold thee wander by, my languorous love,
To songs of viols which throughout the dome resound,
Harmonious and stately as thy footsteps move,
Bestowing forth the languor of thy glance profound.

When I regard thee, glowing in the gaslight rays,
Thy pallid brow embellished by a charm obscure,
Here where the evening torches light the twilight haze,
Thine eyes attracting me like those of a portraiture,

I say—How beautiful she is! how strangely rich!
A mighty memory, royal and commanding tower,
A garland: and her heart, bruised like a ruddy peach,
Is ripe—like her body for Love's sapient power.

Art thou, that spicy Autumn-fruit with taste supreme?
Art thou a funeral vase inviting tears of grief?
Aroma—causing one of Eastern wastes to dream;
A downy cushion, bunch of flowers or golden sheaf?

I know that there are eyes, most melancholy ones,
Wherein no precious secret deeply hidden lies,
Resplendent shrines, devoid of relics, sacred stones,
More empty, more profound than ye yourselves, O skies?

Yea, does thy semblance, not alone for me suffice,
To kindle senses which the cruel truth abhor?
All one to me! thy folly or thy heart of ice,
Decoy or mask, all hail! thy beauty I adore!

MISTS AND RAINS

O last of Autumn and Winter—steeped in haze,
O sleepy seasons! you I love and praise,
Because around my heart and brain you twine
A misty winding-sheet and a nebulous shrine.

On that great plain, where frigid blasts abound,
Where through the nights, so long, the vane whirls round,
My soul, more free than in the springtime soft,
Will stretch her raven wings and soar aloft,

Unto an heart with gloomy things replete,
On which remain the frosts of former Times,
O pallid seasons, mistress of our climes

As your pale shadows—nothing is so sweet,
Unless it be, on a moonless night a-twain,
On some chance couch to soothe to sleep our Pain.

WINE

THE WINE OF LOVERS

To-day the Distance is superb,
Without bridle, spur or curb,
Let us mount on the back of wine
For Regions fairy and divine!

Let's, like two angels tortured by
Some dark, delirious phantasy,
Pursue the distant mirage drawn
O'er the blue crystal of the dawn!

And gently balanced on the wing
Of some obliging whirlwind, we
—In equal rapture revelling—

My sister, side by side will flee,
Without repose, nor truce, where gleams
The golden Paradise of my dreams!

FLOWERS OF EVIL

CONDEMNED WOMEN

Like thoughtful cattle on the yellow sands reclined,
They turn their eyes towards the horizon of the sea,
Their feet towards each other stretched, their hands entwined,
They tell of gentle yearning, frigid misery.

A few, with heart-confiding faith of old, imbued
Amid the darkling grove, where silver streamlets flow,
Unfold to each their loves of tender infanthood,
And carve the verdant stems of the vine-kissed portico.

And others like unto nuns with footsteps slow and grave,
Ascend the hallowed rocks of ancient mystic lore,
Where long ago—St. Anthony, like a surging wave,
The naked purpled breasts of his temptation saw.

And still some more, that 'neath the shimmering masses stroll,
Among the silent chasm of some pagan caves,
To soothe their burning fevers unto thee they call
O Bacchus! who all ancient wounds and sorrow laves.

And others again, whose necks in scapulars delight,
Who hide a whip beneath their garments secretly,
Commingling, in the sombre wood and lonesome night,
The foam of torments and of tears with ecstasy.

O virgins, demons, monsters, and O martyred brood!
Great souls that mock Reality with remorseless sneers,
O saints and satyrs, searchers for infinitude!
At times so full of shouts, at times so full of tears!

You, to whom within your hell my spirit flies,
Poor sisters—yea, I love you as I pity you,
For your unsatiated thirsts and anguished sighs,
And for the vials of love within your hearts so true.

248

DEATH

THE DEATH OF THE LOVERS

We will have beds which exhale odours soft,
We will have divans profound as the tomb,
And delicate plants on the ledges aloft,
Which under the bluest of skies for us bloom.

Exhausting our hearts to their last desires,
They both shall be like unto two glowing coals,
Reflecting the twofold light of their fires
Across the twin mirrors of our two souls.

One evening of mystical azure skies,
We'll exchange but one single lightning flash,
Just like a long sob—replete with good byes.

And later an angel shall joyously pass
Through the half-open doors, to replenish and wash
The torches expired, and the tarnished glass.

THE DEATH OF THE POOR

It is Death that consoles—yea, and causes our lives;
'Tis the goal of this Life—and of Hope the sole ray,
Which like a strong potion enlivens and gives
Us the strength to plod on to the end of the day.

And all through the tempest, the frost and the snows,
'Tis the shimmering light on our black sky-line;
'Tis the famous inn which the guide-book shows,
Whereat one can eat, and sleep, and recline;

'Tis an angel that holds in his magic hands
The sleep, which ecstatic dream commands,
Who remakes up the beds of the naked and poor;

'Tis the fame of the gods, 'tis the granary blest,
'Tis the purse of the poor, and his birth-place of rest,
To the unknown Heavens, 'tis the wide-open door.

THE GENEROUS GAMBLER

Yesterday, across the crowd of the boulevard, I found myself touched by a mysterious Being I had always desired to know, and whom I recognized immediately, in spite of the fact that I had never seen him. He had, I imagined, in himself, relatively as to me, a similar desire, for he gave me, in passing, so significant a sign in his eyes that I hastened to obey him. I followed him attentively, and soon I descended behind him into a subterranean dwelling, astonishing to me as a vision, where shone a luxury of which none of the actual houses in Paris could give me an approximate example. It seemed to me singular that I had passed so often that prodigious retreat without having discovered the entrance. There reigned an exquisite, an almost stifling atmosphere, which made one forget almost instantaneously all the fastidious horrors of life; there I breathed a somber sensuality, like that of opium smokers when, set on the shore of an enchanted island over which shone an eternal afternoon, they felt born in them, to the soothing sounds of melodious cascades, the desire of never again seeing their households, their women, their children, and of never again being tossed on the decks of ships by storms.

There were there strange faces of men and women, gifted with so fatal a beauty that I seemed to have seen them years ago and in countries which I failed to remember and which inspired in me that curious sympathy and that equally curious sense of fear that I usually discover in unknown aspects. If I wanted to define in some fashion or other the singular expression of their eyes, I would say that never had I seen such magic radiance more energetically expressing the horror of ennui and of desire--of the immortal desire of feeling themselves alive.

As for mine host and myself, we were already, as we sat down, as perfect friends as if we had always known each other. We drank immeasurably of all sorts of extraordinary wines, and--a thing not less bizarre--it seemed to me, after several hours, that I was no more intoxicated than he was.

However, gambling, this superhuman pleasure, had cut, at various intervals, our copious libations, and I ought to say that I had gained and lost my soul, as we were playing, with a heroic carelessness and lightheartedness. The soul is so invisible a thing, often useless and sometimes so troublesome, that I did not experience, as to this loss, more than that kind of emotion I might have, had I lost my visiting card in the street.

We spent hours in smoking cigars, whose incomparable savor and perfume give to the soul the nostalgia of unknown delights and sights, and, intoxicated by all these spiced sauces, I dared, in an access of familiarity which did not seem to displease him, to cry, as I lifted a glass filled to the brim with wine: "To your immortal health, old hegoat!"

We talked of the universe, of its creation and of its future destruction; of the leading ideas of the century--that is to say, of progress and perfectibility--and, in general, of all kinds of human infatuations. On this subject His Highness was inexhaustible in his irrefutable jests, and he expressed himself with a splendor of diction and with a magnificence in drollery such as I have never found in any of the most famous conversationalists of our age. He explained to me the absurdity of different philosophies that had so far taken possession of men's brains, and deigned even to take me in confidence in regard to certain fundamental principles, which I am not inclined to share with anyone.

He complained in no way of the evil reputation under which he lived, indeed, all over the world, and he assured me that he himself was of all living beings the most interested in the destruction of Superstition, and he avowed to me that he had been afraid, relatively as to his proper power, once only, and that was on the day when he had heard a preacher, more subtle than the rest of the human herd, cry in his pulpit: "My dear brethren, do not ever forget, when you hear the progress of lights praised, that the loveliest trick of the Devil is to persuade you that he does not exist!"

The memory of this famous orator brought us naturally on the subject of academies, and my strange host declared to me that he didn't disdain, in many cases, to inspire the pens, the words, and the consciences of pedagogues, and that he almost always assisted in person, in spite of being invisible, at all the scientific meetings.

Encouraged by so much kindness, I asked him if he had any news of God--who has not his hours of impiety?--especially as the old friend of the Devil. He said to me, with a shade of unconcern united with a deeper shade of sadness: "We salute each other when we meet." But, for the rest, he spoke in Hebrew.

It is uncertain if His Highness has ever given so long an audience to a simple mortal, and I feared to abuse it.

Finally, as the dark approached shivering, this famous personage, sung by so many poets and served by so many philosophers who work for his glory's sake without being aware of it, said to me: "I want you to remember me always, and to prove to you that I--of whom one says so much evil--am often enough bon diable, to make use of one of your vulgar locutions. So as to make up for the irremediable loss that you have made of your soul, I shall give you back the stake you ought to have gained, if your fate had been fortunate--that is to say, the possibility of solacing and of conquering, during your whole life, this bizarre affection of ennui, which is the source of all your maladies and of all your miseries. Never a desire shall be formed by you that I will not aid you to realize; you will reign over your vulgar equals; money and gold and diamonds, fairy palaces, shall come to seek you and shall ask you to accept them without your having made the least effort to obtain them; you can change your abode as often as you like; you shall have in your power all sensualities without lassitude, in lands where the climate is always hot and where the women are as scented as the flowers." With this he rose and said good-by to me with a charming smile.

If it had not been for the shame of humiliating myself before so immense an assembly, I might have voluntarily fallen at the feet of this generous gambler, to thank him for his unheard-of munificence. But little by little, after I had left him, an incurable defiance entered into me; I dared no longer believe in so prodigious a happiness, and as I went to bed, making over again my nightly prayer by means of all that remained in me in the matter of faith, I repeated in my slumber: "My God, my Lord, my God! Do let the Devil keep his word with me!"

THE END

Enamels and Cameos and other Poems
Théophile Gautier
Benediction Classics, 2012
122 pages
ISBN: 978-1-78139-135-8

Available from www.amazon.com,
www.amazon.co.uk

Pierre Jules Théophile Gautier (1811 - 1872)
was a French writer and critic. In his youth Gautier was an adher-
ent of Romanticism, but later his work became difficult to classify
and he remains a point of reference for many subsequent literary
traditions such as Parnassianism, Symbolism, Decadence and
Modernism. This book of poems - Enamels and Cameos - is his last
and some consider his most important work. It focusses on the
beauty of everyday life, his poetry becoming compact and Gau-
tier's poetry changes profoundly, becoming compact and stark, as
Gautier explained, "treating tiny subjects in a severely formal
way."

Paradise Lost, Paradise Regained, and other
poems. The Poetical Works Of John Milton
John Milton
Benediction Classics, 2012
576 pages
ISBN: 978-1-78139-173-0

Available from www.amazon.com,
www.amazon.co.uk

This book contains John Milton's poetical works, with line num-
bers and footnotes. This includes Paradise lost, Paradise Regain'd
and Sampson Agonistes as well as forty-nine other works. Most
famous of these is Paradise Lost which is the Epic Poem by Milton,
considered to be one of the greatest literary works in the English
language. It was originally published in 1667 in ten books, con-
taining over ten thousand lines of verse. The poem brings to life
the story in Genesis about the Fall of Man and subsequent expul-
sion from the Garden of Eden. Milton states that his purpose in
writing the poem is to "justify the ways of God to men."

The Poetical Works of Elizabeth Barrett Browning - Volume IV
Elizabeth Barrett Browning
Benediction Classics, 2011
212 pages
ISBN: 978-1-78139-027-6

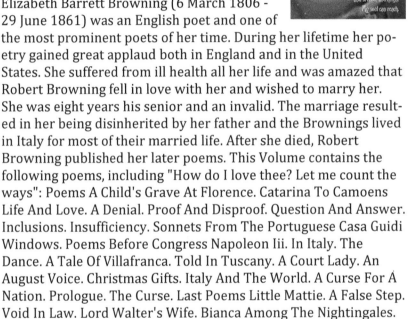

Available from www.amazon.com,
www.amazon.co.uk

Elizabeth Barrett Browning (6 March 1806 -
29 June 1861) was an English poet and one of
the most prominent poets of her time. During her lifetime her po-
etry gained great applaud both in England and in the United
States. She suffered from ill health all her life and was amazed that
Robert Browning fell in love with her and wished to marry her.
She was eight years his senior and an invalid. The marriage result-
ed in her being disinherited by her father and the Brownings lived
in Italy for most of their married life. After she died, Robert
Browning published her later poems. This Volume contains the
following poems, including "How do I love thee? Let me count the
ways": Poems A Child's Grave At Florence. Catarina To Camoens
Life And Love. A Denial. Proof And Disproof. Question And Answer.
Inclusions. Insufficiency. Sonnets From The Portuguese Casa Guidi
Windows. Poems Before Congress Napoleon Iii. In Italy. The
Dance. A Tale Of Villafranca. Told In Tuscany. A Court Lady. An
August Voice. Christmas Gifts. Italy And The World. A Curse For Á
Nation. Prologue. The Curse. Last Poems Little Mattie. A False Step.
Void In Law. Lord Walter's Wife. Bianca Among The Nightingales.
My Kate. A Song For The Ragged School Of London. Written In
Rome. May's Love. Amy's Cruelty. My Heart And I. The Best Thing
In The World. Where's Agnes?

Also from Benediction Books …
Wandering Between Two Worlds: Essays on Faith and Art
Anita Mathias
Benediction Books, 2007
152 pages
ISBN: 0955373700

Available from www.amazon.com, www.amazon.co.uk

In these wide-ranging lyrical essays, Anita Mathias writes, in lush, lovely prose, of her naughty Catholic childhood in Jamshedpur, India; her large, eccentric family in Mangalore, a sea-coast town converted by the Portuguese in the sixteenth century; her rebellion and atheism as a teenager in her Himalayan boarding school, run by German missionary nuns, St. Mary's Convent, Nainital; and her abrupt religious conversion after which she entered Mother Teresa's convent in Calcutta as a novice. Later rich, elegant essays explore the dualities of her life as a writer, mother, and Christian in the United States-- Domesticity and Art, Writing and Prayer, and the experience of being "an alien and stranger" as an immigrant in America, sensing the need for roots.

About the Author

Anita Mathias is the author of *Wandering Between Two Worlds: Essays on Faith and Art.* She has a B.A. and M.A. in English from Somerville College, Oxford University, and an M.A. in Creative Writing from the Ohio State University, USA. Anita won a National Endowment of the Arts fellowship in Creative Nonfiction in 1997. She lives in Oxford, England with her husband, Roy, and her daughters, Zoe and Irene.

Anita's website:
    http://www.anitamathias.com, and
Anita's blog Dreaming Beneath the Spires:
    http://dreamingbeneaththespires.blogspot.com

The Church That Had Too Much
Anita Mathias
Benediction Books, 2010
52 pages
ISBN: 9781849026567

Available from www.amazon.com, www.amazon.co.uk

The Church That Had Too Much was very well-intentioned. She wanted to love God, she wanted to love people, but she was both hampered by her muchness and the abundance of her possessions, and beset by ambition, power struggles and snobbery. Read about the surprising way The Church That Had Too Much began to resolve her problems in this deceptively simple and enchanting fable.

About the Author

Anita Mathias is the author of *Wandering Between Two Worlds: Essays on Faith and Art*. She has a B.A. and M.A. in English from Somerville College, Oxford University, and an M.A. in Creative Writing from the Ohio State University, USA. Anita won a National Endowment of the Arts fellowship in Creative Nonfiction in 1997. She lives in Oxford, England with her husband, Roy, and her daughters, Zoe and Irene.

Anita's website:
    http://www.anitamathias.com, and
Anita's blog Dreaming Beneath the Spires:
    http://dreamingbeneaththespires.blogspot.com